어린이와 청소년
안전문화

Safety
Culture
of

어린이와
청소년
안전문화

송창영

Children

and Youth

예문사

머리말

안전하고 행복한 환경에서
소중한 어린이와 청소년의 생명이
보호되어야 합니다.

　우리나라는 저출생 현상으로 인해 어린이 인구수가 OECD 국가
중 유일하게 1명 미만인 국가로 지속적인 감소 추세에 있습니다.
이로 인해 청소년 인구 또한 계속해서 감소하고 있는데, 2021년
기준 청소년 인구(9~24세)는 830만 6,000명으로(총인구의 16%)
1982년 1,420만 9,000명이었던 것과 비교했을 때 크게 줄었으며,
2060년에는 총인구의 10.4%인 445만 8,000명으로 감소할 것으로
전망될 만큼 감소 추세를 보이고 있습니다.

　이처럼 어린이와 청소년의 인구수가 계속해서 감소하고 있는
만큼 한 명, 한 명의 생명이 고귀하고 소중하기 때문에 우리나라
정부는 인본주의 개념에 부합된 노력이 필요하며 이들이 안전한
환경에서 행복하고 건강한 삶을 누릴 수 있도록 만들어야 합니다.

　인간의 생명 및 신체의 보호는 「헌법」이 보장하는 최고의 법익
에 속하며, 인간의 생명 및 신체에 대하여 침해하는 행위를 금지
하는 것은 모든 근대 헌법의 기본권 중에서도 가장 핵심에 속하

는 보편적인 것입니다. 인간의 생명은 모든 기본권의 주체로서 고귀함과 존엄한 인간의 지위를 유지시켜주는 생물학적 기초가 되며 이러한 생명이 재난, 안전사고 등으로 인해 위협을 받았을 경우 신속한 응급처치나 치료가 이루어지지 않을 때에는 생명에 위험을 초래할 수 있습니다. 그러나 현재까지도 어린이와 청소년의 생명은 재난과 안전사고로 인해 위협받고 있습니다.

이러한 안타까운 일들이 계속해서 발생하고 있는 이유는 무엇일까요? 우리나라 총인구 대비 어린이 비율은 11.9%인 데 반해 어린이안전사고는 전체 안전사고의 21.4%로 여전히 높은 수준임을 알 수 있습니다. 안전은 누구나 잘 알고 있지만 실천하기 어려운 것 중 하나로 순간의 부주의로 인해 각종 안전사고가 발생하여 우리의 미래인 어린이와 청소년이 피해를 입고 있습니다. 1999년 씨랜드 청소년 화재, 2014년 세월호 침몰 사고, 2022년 이태원 압사사고 등 많은 사례에서 보았듯이 어린이, 청소년 안전사고는 결국 눈앞의 이익밖에 모르고 책임감 없는 어른들 때문에 죄 없이 어린이와 청소년이 희생되고 있습니다. 또한 우리나라는 각종 재난 및 안전사고로 인해 수많은 희생자가 생기고 난 뒤인 사후약방문식 안전대책을 수립하여 더욱더 안타까운 일이 아닐 수 없습니다. 우리나라의 미래인 어린이와 청소년에 대해서 어른들이 조금만 더 조심했더라면, 앞날의 이익만 보지 않고 책임감 있게 이들을 보호했더라면 어린이와 청소년의 억울하고 참담한 희생은 일어나지 않았을 것입니다.

본서는 어린이와 청소년 생명을 보호하고 이해하기 위한 내용으로 시작하여 안전사고 현황, 안전관리, 안전교육·훈련, 안전문화, 법·제도, 안전정책뿐만 아니라 해외 어린이와 청소년 안전정책도 다루고 있습니다. 또한 어린이와 청소년 안전에 필요한 부모, 선생님, 어린이 이용시설 관계자 및 실무자, 전문가까지 어린이·청소년 안전에 대하여 쉽게 접근할 수 있는 총론으로 구성하였습니다.

본서를 집필하는 과정에서 많은 도움을 주신 여러 실무자 여러분께 진심어린 감사를 표하며, 본 서적이 많은 분들에게 도움이 되는 참고자료가 되었으면 하는 바람입니다. 특히, (재)한국재난안전기술원 연구진들, 양병수 수석연구원, 구원회 책임연구원, 신현영 선임연구원과 함께 출간의 기쁨을 나누고 싶습니다.

끝으로 본서의 출판을 위해 열심히 도와주신 예문사 임직원 여러분께 깊은 감사를 전하며, 저의 해피바이러스인 보민, 태호, 지호 그리고 아내 최운형에게 사랑한다는 말을 전하고 싶습니다.

송 창 영

차 례

어린이와 청소년의 생명 보호

어린이와 청소년의 이해

어린이와 청소년의 안전사고

우리나라 어린이와 청소년의 안전 법·제도

우리나라 어린이와 청소년의 안전정책

우리나라 어린이와 청소년의 안전관리

우리나라 어린이와 청소년의 안전교육 및 훈련

해외 어린이와 청소년의 안전정책

어린이와 청소년의
생명 보호

01

어린이와 청소년의 생명

1. 생명의 존중

생명은 누구에게나 단 하나뿐이며 가장 소중하고 고귀하다. 노벨 평화상 수상자이자 의사, 종교철학자인 '알버트 슈바이처(Albert Schweizer)' 박사는 자서전에서 "만일 인간이 생명의 신비에 대하여 깊게 생각하고 세계에 가득한 생명과 자기 자신과의 관계에까지 생각이 미친다면, 자신의 생명과 그 주위의 모든 생명에 경외를 바치지 않을 수 없을 것이다."라고 생명에 대한 경외함을 표현하고 있다. 또한 "생명에 관해 생각할 때, 어떤 생명체도 나와 똑같이 살려고 하는 의지를 가지고 있다."라고 말하였으며, 특히 "다른 모든 생명도 나의 생명과 같으며 신비한 가치를 가졌고, 따라서 존중하는 의무를 느낀다."라고 말하였다. 작가이자 철학자, 과학자인 '요한 볼프강 폰 괴테

(Johann Wolfgang von Goethe)'의 생명에 대한 명언을 살펴보면 "생명은 자연의 가장 아름다운 발명이며, 죽음은 더 많은 생명을 얻기 위한 기교이고 자신의 생명이 존귀하다는 것을 자각하는 속에서의 삶은 더욱 큰 환희를 안겨준다."라고 언급하였다. 그리고 '존 밀턴(John Milton)'은 "자기의 생명을 사랑해도 미워해도 안 된다. 그러나 살아 있는 한 그 생명을 소중히 여기라."고 말하였고 '토마스 굿윈(Tomas Goodwin)'은 "생명에 대하여 존재에게 주어진 최고의 선물이다."라고 언급하였다. 이처럼 많은 석학이 생명에 대하여 소중하고 귀중하며 존중이 필요하다고 명언을 남기고 있다.

생명은 좁은 범위와 넓은 범위로 살펴볼 수 있는데, 좁은 범위는 사람의 목숨과 관련된 일로 생각하거나, 남이 하기 어려운 거창한 일을 하는 것, 자신의 희생을 통해서 다른 사람의 생명을 구하는 것 등으로 볼 수 있다. 이는 일반적으로 생명을 다루는 직종인 의사, 간호사, 소방관, 응급구조사, 경찰 등을 두어 말하는 것이다. 넓은 범위로의 생명은 모든 사람이 인간답게 사는 것을 말하며 형편이 어려운 사람에게 도움을 제공하고, 몸이 불편한 노약자, 고위험군인 임산부 등에게 자리를 양보하고, 친구들 또는 동료들과 친밀함을 유지하는 것 등을 포함할 수 있다. 또한 생명 존중의 대상은 사람에게만 한정된 것이 아니라 동물과 식물을 포함한 모든 자연이 해당되는 것으로 한 포기의 풀과 한 그루의 나무, 한 마리 동물도 귀하게 여겨야 한다.

이 소중한 생명은 어떻게 지키는 것이 좋을까? 먼저, 나의 생명을 소중히 여기고 건강하게 유지하며 안전한 삶을 확보해야 한다. 이를 위해서는 규칙적인 운동, 올바른 식습관, 정신적인 건강, 스트레스 해소, 적극적이고 긍정적인 삶 등을 통해 생명을 아끼고 온전하게 유지하며 건강하게 생활해야 한다. 둘째, 나뿐만 아니라 함께 살고 있는 가족, 친구, 동료 등의 생명 또한 나의 생명처럼 보호하기 위해 노력해야 한다. 개개인의 삶 속에서 작은 부분부터 다른 사람의 안녕을 위해 노력하고 그들의 삶을 존중하며 그들의 행복을 위해 배려해야 한다. 셋째, 나와 우리 모두를 포함한 사회 전반에 존재하는 생명의 소중함을 인식하고 존중하는 환경을 함께 조성해야 한다.

국가생명윤리심의위원회는 2016년 5월 26일 우리 사회의 생명 존중 의식을 고양시키기 위해 '생명 존중을 위한 선언문'을 발표했다. 국내에서 생명 존중 의식이나 윤리와 관련된 선언문이 발표된 것은 처음이며 해외에서는 미국이 1979년 생명윤리 원칙을 정리한 '벨몬트 보고서', 유엔(UN)이 2005년 '유네스코 생명윤리 인권 보편선언'을 발표한 바가 있다. '생명 존중을 위한 선언문'에는 생명 존중을 위한 인식 개선의 필요성을 제안하는 전문과 4가지 핵심가치 및 실천방안이 담겨 있다.

선언문에는 "생명은 소중하고 무엇보다 더 사랑하고 존중해야 한다. 인간은 생명이 있음으로써 행복을 비롯하여 여러 가치들을 추구하며 살 수 있다. 우리는 이를 극복하고 생명 존중을 위한 핵심적 가치들을 구현함으로써 우리의 삶과 사회를 좀 더 평화롭고 조화롭게 만들어야 한다."고 명시하고 있다. 4가지 핵심가치 및 실천방안을 살펴보면 첫째, '생명의 책임성'으로 생명은 우리가 받은 최고의 선물이다. 이 소중한 선물을 귀하게 여기고 존중해야 할 일차적 책임은 바로 우리 자신에게 있다. 둘째, '생명의 평등성'으로 인간의 생명은 평등하다. 개개인의 다름은 생명 간의 우열을 의미하는 것이 아니므로 사회 경제적, 문화적 불평등을 해소해야 한다. 셋째, '생명의 안전성'으로 평화로운 삶은 인간의 생명이 안전할 때 가능하다. 따라서 안전한 삶을 위해 생명을 위협하는 요소들을 제거해야 한다. 넷째, '생명의 관계성'으로 인간의 생명은 홀로 존재할 수 없다. 생명은 서로 돕고 격려하며 배려하고 나누는 삶 속에서 더욱 성장하고 풍성해진다.

이처럼 생명 존중의 핵심가치는 중요하기 때문에 우리 모두가 실천해야 한다.

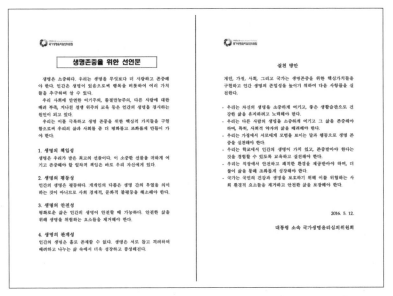

‖ 국가생명윤리심의위원회에서 발표한 생명 존중을 위한 선언문 1 ‖

2. 생명의 존재와 인본주의

어린이와 청소년은 말로 표현할 수 없을 만큼 중요하고 소중하다. 이는 우리나라뿐만 아니라 전 세계적으로 그 나라의 미래이자 희망이다. 이 때문에 어린이와 청소년은 한 명, 한 명의 생명이 매우 고귀하며 안전한 환경에서 행복하게 생활해야 할 권리가 있다.

이러한 생명이 소중한 이유는 그 생명이 누구에게나 하나뿐이기 때문이다. 단 한 번 사는 생애, 한 번뿐인 인생이라는 뜻이다. 약 100년 정도의 단 한 번의 기회가 주어지기 때문에 더욱더 소중함을 부여한다. 이러한 생명이 여러 개라면 아마 덜 소중하게 느끼게 될 수도 있다. 그러나 누구에게나 생명은 오직 단 하나뿐이기 때문에 그 소중함은 더 말할 나위가 없다. 하나라 할지라도 오래 소유할 수 있다면 좋겠지만 한순간에 발생한 질병이나 각종 재난 및 안전사고로 인해 아무 준비 없이 생명의 위협을 느끼게 되고 이로 인해 생명을 잃을 수 있기 때문에 매우 두려운 것이며 생명의 소중함을 더욱더 느끼게 된다.

이러한 생명의 소중함과 필요성은 어른들뿐만 아니라 어린이와 청소년에게도 존재론적으로 그 자체의 의미를 가지며 이는 인간다움을 중요시하는 인본주의와도 연결된다. 인본주의는 '휴머니즘(Humanism)'이라 불리는데, 인간의 존재를 중요시하고 인간의 능력과 성품 그리고 인간의 현재적인 소망과 행복을 귀중하게 생각하는 정신이다. 즉, 인간 중심적 사고에 따른 인류 사회의 존엄과 가치를 중요시하는 사상이다.2 인본주의를 넓은 의미로 살펴본다면 인간에 관한 것을 가장 중요시하는 정신자세 정도로 요약할 수 있다. 그러나 이러한 정의는 너무 넓은 것을 포괄하기 때문에 많은 해석이나 유사한 용어로 사용되며 다른 말로는 인간주의, 인문주의, 인도주의, 인간애 등으로 사용된다. 휴머니즘이라는 용어는 라틴어 '휴마니스타(Humanista)'에서 유래된 것으로 인간성, 인류성 또는 인간미라는 뜻이며, 일반적으로 인간성을 존중하는 주의를 가리키는 말이다. 또한 최초 사용자는 독일의 교육철학자 '프리드리히 니트함머(Friedrich Immanuel Niethammer)'로 1808년 그의 저서에 이용한 독일어로 휴마니스무스(Humanismus)가 효시라고 알려져 있다. 이러한 사상은 프랑스 혁명에서도 기본 이념이 되었다. 우리나라도 이와 유사한 개념을 사상으로 하는 '인내천 사상'이 있다. 인내천 사상은 1860년 최제우에 의해 창시된 '동학'에서 "사람이 곧 하늘이고 만물이 모두의 하늘이다."라는 것으로 사람이 곧 하늘인 인본 중심, 사람이 중심인 사상이다. 이 사상은 향후 동학의 후신인 천도교에서도 중심교리로 사용된다. 이러한 사상은 동·서양을 막론하고 중요한 사상으로 현재까지 유지되고 있다. 특히, 이 사상은 어린이와 청소년에게도 적용되어야 하며 인본주의적 관점에서 접근하여 하나의 생명으로서 그 가치를 존중받아야 한다.

인간의 생명 및 신체의 보호는 헌법이 보장하는 최고의 법익*에 속하며, 인간의 생명 및 신체에 대하여 침해하는 행위를 금지하는 것은 모든 근대 헌법의 기본권 중에서도 가장 핵심에 속하는 보편적인 것이다. 인간의 생명은 모든 기본권의 주체로서 고귀함과 존엄한 인간의 지위를 유지시켜주는 생물학적 기초가 되는데, 이러한 생명이 재난, 안전사고 등으로 위협을 받았을 때 신속한 응급처치나 치료가 이루어지지 않을 경우 생명에 위험을 초래할 수 있다. 그러나 현재까지도 어린이와 청소년의 생명은 재난과 안전사고로부터 위협받고 있다.

이처럼 미래의 주인인 어린이와 청소년의 생명은 고귀하고 소중한 존재이기 때문에 더욱더 인본주의 개념에 부합한 노력이 필요하며 안전한 환경을 조성하기 위해 우리 모두가 노력해야 할 것이다.

---

* 어떤 법에서 규정을 통해 보호하려는 이익. 보호객체라고도 하는데, 형법에 의해 그 침해가 금지되는 개인이나 공동체의 이익 또는 가치를 말한다.

‖ 생명존중 포스터 공모전 시상 작품 – 중랑구 3 ‖

02

어린이와 청소년의 권리

'권리'는 자신의 행복을 위해 자유롭게 누려야 할 모든 환경과 활동이라 할 수 있으며 이를 사람이 가지는 것을 '인권'이라고 한다.[4] 이러한 권리 중 어린이와 청소년의 권리가 국제사회에서 의제로 주목을 받게 된 것은 2번에 걸친 세계대전과 이로 인한 인권의식 성장이 이루어지면서부터이다.

1914년 제1차 세계대전 이후 사회적 약자인 어린이와 청소년이 겪은 비극과 참상을 목격하면서 국제연맹은 국제협력을 통한 대응을 위해 1924년에 '아동권리에 관한 최초의 국제적인 선언'을 채택하였다. 이후 1939년에 발생한 제2차 세계대전과 전쟁으로 인한 인류의 각성 및 반성에서부터 비롯된 '세계인권선언'은 1959년 유엔(UN)의 '아동권리 선언' 채택으로 이어졌다. '아동권리에 관한 선언'은 어린이와 청소년의 고유한 시기를 인정하고 이들의 발달 특성에 따라 보호,

돌봄, 지원 등의 필요성을 제시한 것으로 이는 법적 구속력이 없었기 때문에 실질적인 변화로 이어지기에는 한계가 있었다.5

1960년대 이후에는 인간의 기본권으로서 포괄적인 인권보장으로의 패러다임 전환이 이루어지고, 인권보장의 제도적인 틀이 선언에서 조약으로 변화하게 되었지만, 어린이와 청소년의 권리가 협약으로 채택되기까지는 오랜 시간이 걸렸다. 1979년 세계아동의 해를 기념하여 폴란드가 '아동권리협약' 초안을 유엔(UN) 인권이사회에 제안하였지만 국제사회의 정치적 갈등과 기존의 인권에 관한 국제법이 존재하여 별도의 아동을 위한 협약이 필요한지에 대한 이견이 발생하여 오랫동안 합의를 이루지 못했다. 그러나 국제기구 및 단체들의 지속적인 노력으로 10년간의 작업 과정을 거쳐 '유엔아동권리협약(CRC : Convention on the Rights of the Child)'이 탄생하였으며 1989년 11월 20일 유엔총회에서 만장일치로 채택하여 현재까지 우리나라를 포함한 전 세계 196개국(2021년 1월 기준)이 비준*한 국제협약이 되었다.

이 협약은 어린이와 청소년 권리협약으로 가장 많은 비준국가를 보유한 국제인권법이고 구속력 있는 아동권리 보장 규정을 마련하여 아동권리의 진전을 위한 실질적인 변화들을 견인하고 있다.

이처럼 국제사회가 이 세상 모든 아이들을 위해, 그 아이들의 인권을 보호, 증진, 실현하기 위해 만든 '유엔아동권리협약'은 18세 미만의 모든 사람을 대상으로 적용되며, 즉 어린이와 청소년을 대상으로 한다. 이 협약의 구성은 전문과 54개 조항으로 되어 있으며, 제1~40조까지가 실제적인 아동권리 내용을 담고 있다. 이 협약은 이 세상의

---

* 조약 체결의 권한을 가진 전권위원이 조약의 내용에 합의했음을 증명하기 위하여 서명한 조약을 국가 원수가 최종적으로 확인하는 행위를 말한다.

모든 어린이와 청소년이 동일한 권리를 누릴 수 있어야 하고, 어떤 권리를 누려야 하는지를 설명하고 있으며 누구나 읽기 쉽게 작성되어 있다.

|| 유엔아동권리협약 포스터 6 ||

'유엔아동권리협약'의 주요 일반원칙에는 '제2조 비차별의 원칙', '제3조 아동최상이익의 원칙', '제6조 생명, 생존과 발달의 원칙', '제12조 의견표명의 권리와 참여의 원칙'이 있다. '제2조 비차별의 원칙'을 살펴보면 아동은 차별받지 않을 권리가 있으며, 특히 성별, 인종, 피부색, 언어, 종교, 경제력, 의견, 신체조건 등에 상관없이 모든 아동은 동등한 권리를 누려야 한다고 명시하고 있고 '제3조 아동최상이익의 원칙'을 살펴보면 사회복지기관, 법원, 정부, 국회 등이 아동과 관련된 일을 할 때는 언제나 아동의 입장에서 가장 좋은 것이 무엇인지를 먼저 생각해야 한다고 명시하고 있다. '제6조 생명, 생존과 발달의 원칙'을 살펴보면 국가는 아동의 생명을 보호하고, 건강하게 성장할 수 있도록 최대한으로 보장해야 한다고 명시하고 있고 '제12조 의견표명의 권리와 참여의 원칙'을 살펴보면 아동은 자신의 의견을 자유롭게 말할 권리가 있고, 어른들은 아동의 의견을 존중해야 한다고 명시하고 있다.

또한 유엔아동권리협약에서의 어린이와 청소년은 부모의 소유나

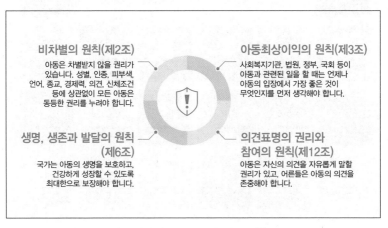

비차별의 원칙(제2조)
아동은 차별받지 않을 권리가 있습니다. 성별, 인종, 피부색, 언어, 종교, 경제력, 의견, 신체조건 등에 상관없이 모든 아동은 동등한 권리를 누려야 합니다.

아동최상이익의 원칙(제3조)
사회복지기관, 법원, 정부, 국회 등이 아동과 관련된 일을 할 때는 언제나 아동의 입장에서 가장 좋은 것이 무엇인지를 먼저 생각해야 합니다.

생명, 생존과 발달의 원칙 (제6조)
국가는 아동의 생명을 보호하고, 건강하게 성장할 수 있도록 최대한으로 보장해야 합니다.

의견표명의 권리와 참여의 원칙(제12조)
아동은 자신의 의견을 자유롭게 말할 권리가 있고, 어른들은 아동의 의견을 존중해야 합니다.

‖ 유엔아동권리협약 일반원칙 7 ‖

구분	내용
생존권 (생명존중의 권리)	적절한 생활수준을 누릴 권리, 안전한 주거지에서 살아갈 권리, 충분한 영양을 섭취하고 기본적인 보건서비스를 받을 권리 등, 기본적인 삶을 누리는 데 필요한 권리
보호권 (보호의 권리)	모든 형태의 학대와 방임, 차별, 폭력, 고문, 징집, 부당한 형사처벌, 과도한 노동, 약물과 성폭력 등 어린이에게 유해한 것으로부터 보호받을 권리
발달권 (발달의 권리)	잠재능력을 최대한 발휘하는 데 필요한 권리, 교육받을 권리, 여가를 즐길 권리, 문화생활을 하고 정보를 얻을 권리, 생각과 양심과 종교의 자유를 누릴 수 있는 권리 등
참여권 (참여의 권리)	자신의 생활에 영향을 주는 일에 대해 의견을 말하고 존중받을 권리, 표현의 자유, 양심과 종교의 자유, 평화로운 방법으로 모임을 자유롭게 열 수 있는 권리, 사생활을 보호받을 권리, 유익한 정보를 얻을 권리 등

미래를 준비하는 존재가 아닌 지금, 현재 우리 사회를 구성하고 있는 존귀하고, 존엄한 존재이며, 권리의 주체자로 천명하고 있다. 또한 어린이와 청소년을 폭력과 차별로부터 자유롭게 하며, 그들의 참여를 촉진하고, 아동의 이익을 최우선으로 할 것을 명시하고 있다.

유엔아동권리협약의 4대 아동권리는 '생존권'(생명 존중의 권리), '보호권'(보호의 권리), '발달권'(발달의 권리), '참여권'(참여의 권리)이 있다. 이러한 권리에 대하여 주체자로 어린이와 청소년은 동일하고 자유롭게 누려야 한다.

영국, 캐나다, 스웨덴, 노르웨이 등의 선진국가와 그 지방정부는 법과 제도, 정책, 교육과 문화에 유엔아동권리협약의 가치를 녹여내기 시작하였다. 이 협약은 우리나라도 1991년 11월 20일에 비준한 국제법이며, 우리나라 「헌법」 제6조에서는 「헌법」에 의하여 체결 및 공포된 조약과 일반적으로 승인된 국제법규는 국내법과 동일한 효과를 지님을 명시하고 있다.

이처럼 우리나라도 아동인권의 가치가 국가와 지역사회, 학교, 더 나아가 우리의 가정에도 녹여져야 할 필요성을 인지하고 있으며 우리의 어린이와 청소년이 스스로 생각하고, 판단하고, 함께하는 지구촌에 기여하기 위해 꼭 필요한 가치이자 기준임을 인식하고 있다.

03
어린이와 청소년의 안전

　어린이와 청소년은 고귀하고 존엄하며 이들에 대한 안전한 환경을 마련하기 위해 국민 모두가 노력할 필요가 있다. 우리나라의 미래인 어린이와 청소년의 안전이 무엇보다 중요하다는 것은 모두가 아는 사실이지만 과거의 사례를 살펴보면 어린 생명이 안타깝게 희생되고 다치는 등 수없이 똑같은 실수를 반복하고 있다.

　씨랜드청소년수련원화재사건은 1999년 6월 30일 청소년 수련시설인 '씨랜드 청소년수련원'에서 모기향 불이 옆의 가연성 물질(종이, 의류, 1회용 가스라이터)에 접촉되어 발생한 화재 참사로 잠을 자고 있던 19명의 유치원생이 생명을 잃었다. 자신들의 이익을 위해 화재의 위험성이 높은 샌드위치 패널을 사용한 건물주와, 이를 묵인한 공무원, 아이들을 고립된 방에 방치했던 유치원 교사 등 복합적인 원인으로 어린 생명이 안타깝게 희생된 사건이다.

‖ 씨랜드 청소년수련원 화재 사고(1999) 9 ‖

　　2014년 4월 16일 청해진해운이 운영하던 인천항과 제주항을 오가
는 정기 여객선 세월호는 일명 맹골수도로 알려진 전라남도 진도군
관매도 부근 해상에서 전복되었다. 이 사고로 인해 단원고 학생 250명
이 목숨을 잃었다. 특히, 생존한 아이들은 아직까지도 사고 당시 생
사의 갈림길에서 친구들이 희생당한 가운데 혼자만 살아남은 것에
대한 죄책감, 친구들에 대한 그리움 등으로 혼란스럽고 고통스러운
시간을 보내고 있다.

　　2016년 4월 14일 오후 2시 55분 경기도 용인에 주차되어 있던 차량
이 뒤로 밀려 내려오면서 어린이집 학원 차를 타기 위해 줄을 서 있던
어린이와 통학 차량 지도 교사를 덮치는 사고가 있었다. 어린이집 앞
에서 발생한 교통사고로 어린이집의 응급조치가 늦어지면서 병원에
도착하기 전에 심정지가 와 세상을 떠났다.

　　또한 2019년 9월에는 충청남도 아산의 온양중학교 앞 어린이보호
구역(스쿨존) 내 횡단보도에서 교통사고로 인해 9살 어린이가 사망

‖ 세월호 침몰 사고(2014) **10** ‖

하는 사고가 발생하였다. 차량은 어린이보호구역에서 23.6km/h로
운행하다 횡단보도를 건너던 어린이를 치었고 그 자리에서 사망하
였다.

교통사고로 많은 인명피해가 발생하고 있지만 어린이 교통사고로
인한 희생자는 너무 안타까울 수밖에 없다. 한 가정의 파탄은 물론
나아가 우리나라의 미래를 잃은 것이다. 피어나지도 못한 어린 생명
을 교통사고로부터 지켜주기에는 아직 안전대책이 턱없이 미흡하다.
어린이는 행동발달 특성상 호기심이 많고 주변을 인지하는 능력도
떨어지며 성인에 비해 경험과 지식이 부족하여 안전사고 발생 가능
성이 높다. 따라서 어린이의 특성을 반영한 안전대책이 마련되어야
한다.

2022년 10월 29일, 서울 용산구 이태원동에서 할로윈 축제를 즐기
려는 수많은 인파가 몰리면서 158명이 사망하는 사고가 발생하였고,
이 중 6명의 청소년이 소중한 목숨을 잃었다.

‖ 이태원 압사 사고(2022) 11 ‖

　이처럼 어린이와 청소년은 과거부터 최근까지 계속해서 각종 재난
및 안전사고에 의해 다치거나 생명을 잃는 상황들이 일어나고 있다.
이러한 안타까운 일들이 계속해서 발생하고 있는 이유는 무엇일까?
한국소비자원에서 발간한 〈2021년 어린이안전사고 동향분석〉을 살펴
보면 우리나라 총인구 대비 어린이 비율은 11.9%인 것에 반해 어린

이안전사고는 전체 안전사고의 21.4%로 여전히 높은 수준임을 알 수 있다. 많은 사례에서 보았듯이 어린이, 청소년 안전사고는 결국 눈앞의 이익밖에 모르고 책임감 없는 어른들 때문에 죄 없는 어린이와 청소년이 희생된다는 것이라고 할 수 있다. 또한 우리나라는 각종 재난 및 안전사고로 인해 수많은 희생자가 생기고 난 뒤에 사후약방문식 안전대책을 수립하여 강화하고 있어 더욱더 안타까운 일이 아닐 수 없다. 우리나라의 미래인 어린이와 청소년에 대해 어른들이 조금만 더 조심했더라면, 앞의 이익만 보지 않고 책임감 있게 이들을 보호했더라면 어린이와 청소년은 이 억울하고 참담한 사건의 희생자가 되지 않았을 것이다.

재난안전사고는 모두에게 공평하게 발생하는 것 같지만 어린이와 청소년 같은 사회 · 경제적 약자에게 불평등하게 작용할 때가 더 많다. 이러한 재난안전사고로 인해 어린이와 청소년은 그들이 원하는 삶을 누리지 못하고, 한 가정의 행복이 파괴되며, 국가의 미래까지 송두리째 잃어버리게 된다.

그렇다면 우리는 어린이와 청소년 안전사고를 어떠한 시각으로 바라보는 것이 좋을까? 우리는 재난을 바라볼 때 부정적 접근, 즉 'Negative Approach' 관점으로 보고 있다. Negative Approach는 재난으로 인해 발생할 수 있는 피해를 최악의 상황까지 고려하여 접근하는 것이다. 재난안전사고는 우리 주변에 발생하는 흔한 사고가 아니며, 일반적으로 언론에서 말하는 하나의 기사로 생각될 수 있지만, 누군가에게는 평생 한 번도 경험해보지 않아도 되는, 또 다른 누군가에게는 인생을 송두리째 뒤집어 놓는 무섭고 두려운 것이다. 특히, 이러한 사고에 희생자가 어린이나 청소년이라면 그 문제는 더욱 심각하다.

안전은 누구나 잘 알고 있지만 실천하기 어려운 것 중 하나이다. 우리 모두는 어린이와 청소년의 건강과 안전을 보장해야 하며, 순간의 부주의로 인해 우리의 미래인 어린이와 청소년을 위험에 빠뜨려서는 안 된다. 더불어 공동체의 기초로서 안전하고 행복하게 생활할 권리가 있으며 스스로 보호할 능력을 갖출 때까지 적절한 보호 아래 있어야 한다.

‖ 어린이 교통안전교육 ‖

우리는 어린이와 청소년의 안전사고를 선제적으로 예방하고 우리나라의 미래인 어린이와 청소년이 어떠한 환경에서도 건강하고 안전하게 생활할 수 있도록 다양한 안전정책과 체감할 수 있는 안전교육 및 훈련, 안전체험활동 등을 실시하여 안전한 문화를 조성하는 데 힘써야 한다. 그리고 어린이와 청소년의 사회적 안전망을 구축하기 위해 더욱더 체계화된 정책적 · 기술적 · 행정적 안전시스템을 강화하고 어린이와 청소년의 안전의식 개선뿐만 아니라 가정 내 부모, 학교의 교사 등 어린이와 청소년 관련 구성원 모두가 함께 안전에 대한 인식을 고취하여 모두가 안심할 수 있는 환경을 조성해야 할 것이다.

Chapter 2

어린이와 청소년의
이해

01
어린이와 청소년의 정의

1. 어린이 정의

어린이는 미래의 주역으로써 한 명, 한 명이 소중하기 때문에 정부는 이들이 안전한 환경에서 행복하고 건강한 삶을 누릴 수 있도록 도울 필요가 있다.

어린이라는 말은 1920년 소파 방정환이 어린 아동들을 하나의 인격체로 보아야 한다는 취지에서 처음으로 제안 및 보급한 것으로 알려져 있으며, 다른 말로는 아이, 아동으로도 불린다. 우리나라에서는 어린이의 권익 향상을 위하여 1957년에 '어린이 헌장'을 선포하였고 1975년 5월 5일부터 어린이날을 공휴일로 지정하고 있다.

《국어대사전》(1981)을 살펴보면 어린이에 대한 개념은 어린아이를 높여서 부르는 말로서 나이가 어린 아이란 뜻이며 어린이는 아동이라는 표현에 부합하다. 또한 국내 · 외를 포함하여 사전적 의미로 '신체적 · 지적으로 미성숙한 단계에 있는 사람'을 말하며 통일된 연령의 구분은 없다.1 국립국어원 《표준국어대사전》상의 어린이에 대한 사전적 의미는 '어린아이'를 대접하거나 격식을 갖추어 이르는 말로 대개 4, 5세부터 초등학생까지의 아이를 이른다. 아동의 신체적 · 심리적 발달을 과학적으로 연구하는 발달심리학에서는 일반적으로 0~2세까지를 영아기, 3~5세까지를 유아기, 6~12, 13세까지, 즉 사춘기가 시작되는 시기까지를 아동기라고 부르고 있으며, 편의상 12세 또는 13세 미만의 연령층을 어린이의 범위로 정하고 있다.

국내 법률을 살펴보면 「아동복지법」에서는 아동을 '만 18세 미만'으로 정의하고 있으며 「어린이제품안전 특별법」에서는 어린이를 '만 13세 이하', 「환경보건법」에서는 '13세 미만'으로 정의하는 등 법률마다 연령 기준의 차이가 있다. 최근 「어린이안전관리에 관한 법률」이 제정되면서 어린이의 개념을 정의하고 있으며 만 13세 미만의 사람을 어린이라 한다.

국외도 나라별 차이가 발생하고 있으며 먼저 유엔의 「아동의 권리에 관한 협약(United Nations Convention on the Rights of the Child)」 제1조에는 "이 협약의 목적상 '아동'이라 함은 아동에게 적용되는 법에 의하여 보다 조기에 성인 연령에 달하지 아니하는 한 만 18세 미만의 모든 사람을 말한다."고 규정하고 있다. 또한 미국은 만 13세 미만을 대상으로 하고 있으며 캐나다는 13세 미만, 독일은 14세 미만, 일본은 18세로 명시되어 있다. 이처럼 국외는 대부분이 13세로 명시되어 있는데, 일본처럼 18세 미만을 언급하고 있는 경우도 존재한다.

구분	내용
미국	「아동 온라인 프라이버시 보호법(COPPA)」에서 어린이는 만 13세 미만을 대상으로 하고 있으며, 이를 정한 이유는 명확하지 않으나, 개인정보가 상업적으로 활용되는 데 대한 올바른 결정을 내릴 수 있는 정확한 연령 설정이 어렵기 때문에 아동 성장을 고려해 임의적으로 분류됨을 명시함
캐나다	「Office of the Ombudsman」에서 13세 이상의 아동은 부모의 명시적 동의하에 개인정보 수집·이용 및 의사결정을 인정함을 근거함에 따라 13세 미만을 어린이로 일부 정의함
독일	「청소년보호법」 제1조, 「아동·청소년원조법」 제7조에서 어린이(Kind)를 14세 미만인 자로 구분하고 청년(Jugend)을 14세 이상 18세 미만인 자로 구분함
일본	• 「아동복지법」 제4조에 근거하여 아동을 만 18세에 달하지 못한 자로 규정하고 있음 • 세부적으로 살펴보면 영아는 만 1세에 달하지 못한 자, 유아는 만 1세부터 소학교 취학 시기에 이르는 자, 소년은 소학교 취학 시기부터 만 18세에 이르는 자로 구분하고 있음

2. 청소년 정의

청소년은 어른(청년)과 어린이의 중간 시기로서, 「청소년 기본법」에 근거한 청소년기를 구분하는 법적 연령은 만 9세에서 24세까지이다. 청소년이 되면 신체적인 변화가 일어나며, 청소년이라는 용어는 법률상 능력을 언급하는 데 사용되는 '미성년(Minor)'과 구분된다.

현재 우리나라의 청소년에 대한 연령 규정은 법규마다 다르며 아직은 형법상 성인으로 취급될 나이가 되지 않은 젊은 사람을 의미하고 있다. 일반적인 경우에는 13~18세의 아이들을 말하고 있으며, 학

구분	청소년 나이	비고
청소년 기본법	만 9~24세	
청소년복지 지원법	만 9~24세	
청소년활동 진흥법	만 9~24세	
청소년 보호법	만 19세 미만	
아동 · 청소년의 성보호에 관한 법률	만 19세 미만	
영화 및 비디오물의 진흥에 관한 법률	만 19세 미만	
게임산업진흥에 관한 법률	만 18세 미만	
아동복지법	만 18세 미만	아동으로 규정
공직선거법	만 19세 이상	선거권 인정

년으로는 중학교 1학년에서 고등학교 3학년까지를 지칭한다. 그러나 이는 「청소년 기본법」상의 청소년 연령범위와는 차이가 있다.

청소년을 규정한 법률은 「청소년 기본법」뿐만 아니라 「청소년복지 지원법」, 「청소년활동 진흥법」, 「청소년 보호법」, 「영화 및 비디오물의 진흥에 관한 법률」, 「게임산업진흥에 관한 법률」 등 다양한 법에서 청소년의 연령 범위를 정하고 있다. 「청소년 기본법」, 「청소년복지 지원법」, 「청소년활동 진흥법」에서는 만 9~24세로 정하고 있고 「청소년 보호법」, 「아동 · 청소년의 성보호에 관한 법률」, 「영화 및 비디오물의 진흥에 관한 법률」에서는 만 19세 미만으로 정하고 있으며 「게임산업진흥에 관한 법률」에서는 만 18세 미만으로 정하고 있다. 이처럼 각종 법률에서 매우 다양하게 정의되고 있어 제각각 혼선을 주고 있다.

어린이와 청소년의 발달과정

1. 어린이 발달과정

어린이는 다양한 발달과정을 가지고 있다. 먼저 인지 발달은 교육으로 실시되며 어린이 전기에는 아직도 자기중심적 혹은 상모적 지각*의 잔재가 남아 있으나, 어린이 후기가 되면 객관적 지각과 사고가 차차 발달하여 지적 활동도 왕성해진다. 또한 기억력 중 기계적 기억력이 현저하게 증가하고 지능도 거의 직선적으로 발달하며 정서도 어느 정도 성숙되었기 때문에 정규 학교 교육이 가능해진다.

어린이는 전체적으로 심신이 순조로운 발달을 이루어 안정되어 있기 때문에 가장 교육하기 쉬운 시기이다. 어린이 자신도 환경의 자극

---

* 인간의 겉모양으로 내적 성격, 정서, 태도 따위를 지각하는 일 또는 무생물도 보기에 따라 희로애락의 감정이 있다고 느끼는 일이다.

에 대해서 항상 마음을 열어놓고 교육에 대한 준비가 되어 있으며, 가르치는 것을 용이하게 받아들이고자 한다. 그러나 대한민국 초등학교 1~3학년 어린이의 대부분은 유아기의 연속적인 특색을 나타내기 때문에 이 시기는 교육의 준비단계라고도 할 수 있다. 이 시기는 성장, 발달 등에 따른 독자적인 지도내용과 방법이 있으며 어린이의 자기중심적인 정서성 등을 적당히 만족시키면서 단계적으로 사회적 제 능력을 발달시켜 나가는 일이 필요하다. 대한민국 초등학교 4~6학년 어린이는 신장·체중의 성장과 함께 운동능력의 발달이 높아지고 또한 지적·사회적 발달도 현저하다. 만 10세 이상의 아동이 갖는 지적 관심과 사회성은 그 전의 연령층 아동보다 매우 왕성하다. 따라서 아동의 발달상황을 확인하여 아동이 자발적으로 학습할 수 있도록 교육과정을 편성하고, 그에 대한 교육방법을 연구·개선하는 일이 필요하다.3

신체의 발달을 살펴보면 8~12세 사이가 유아기에 비해 성장 속도가 완만해지며 대체로 11~13세까지는 성장속도의 절대치에서 여자가 남자보다 빠른데, 이는 여자가 남자보다 사춘기에 일찍 도달하기 때문이며, 그 이후에는 남자가 여자보다 더 크고 성장속도가 빨라진다. 또한 사춘기의 특징인 제2차 성징이 나타나면서 그 시기를 전후해 남·녀 모두 급성장을 나타내고 동시에 그 정점에 도달하는데, 남자의 경우는 14세, 여자의 경우는 12.5~13세 사이로 개인차가 있다. 최근에는 제2차 성징의 출현이 초등학교 4~5학년까지로 빨라지기도 하고 늦은 아이는 평균보다 2년 정도의 차이를 보이기도 한다.4 운동발달을 살펴보면 어린이 시기에는 비교적 안정된 발달을 한다. 50m 달리기는 9~10세경에, 제자리뛰기는 7~8세경에, 100m 달리기·멀리뛰기·높이뛰기 등은 12세 이후에 현저히 발달한다.5

‖ 어린이 발달과정 6 ‖

2. 청소년 발달과정

'청소년'이란 뜻에는 사회적 관점에 따라 다양한 의미가 부여되고 있다. 고대에는 청소년이란 개념 없이 그저 어른의 축소형태인 아동으로 이해하였으며, 19세기에 들어와서야 아동의 특성을 이해하면서 각 발달단계에 대한 관심과 과학적인 연구가 시작되었다.[7] 과학적인 방법으로 청소년에 대한 연구를 시작한 학자는 '청소년심리학의 아버지'라고 불리는 '스탠리 홀(Stanley Hall)'이 있다. 스탠리 홀은 1904년에 출판된 《청소년기》를 통해 청소년기는 다른 시기와 구별되는 하나의 발달단계라고 부각하였다. 또한 청소년기를 질풍노도의 시기라고 특징지었으며 이는 청소년기가 갈등과 정서의 혼란으로 인해 심리적으로 불안정한 시기라고 언급하였다.

우리나라도 해방 이전까지는 조혼제도*로 인해 아동기에서 성인기로 바로 넘어가게 되어 청소년기가 없었으며 더욱이 청소년 시기의

---

* 혼인 적령기가 되지 않은 어린아이가 일찍 혼인하던 풍속

일반적 특성이나 연령에 따른 단계적 특성들에 대한 인식을 가지고 있지 못하였다. 그러다 청소년에게 관심을 두기 시작한 시기는 1980년대 후반으로 1960~70년대 산업화에 따른 급격한 사회구조 및 가치관의 변화로 청소년 문제가 심각한 사회문제로 대두되면서 조금 더 장기적이고 근본적인 청소년 육성정책이 고민되었다. 이에 우리나라에서 청소년에 대한 국가적 관심은 1964년 청소년보호대책위원회의 발족을 기점으로 하고 있으며 이것이 다시 1977년에 격상되어 국무총리를 위원장으로 하는 청소년대책위원회로 바뀌었고, 1987년 「청소년육성법」이 생기면서부터 청소년육성에 대해 국가의 책임과 의무를 강화하여 청소년 전담 행정부서까지 두게 되었다. 또한 1991년 6월 27일 청소년의 건전 육성을 위해 1992~2001년까지 10년간 시행된 청소년기본계획과 그 근거 법률로 1991년 12월 17일 「청소년 기본법」을 제정하여 1993년 1월 1일부터 시행하였다.[8]

청소년기는 일반적으로 사춘기와 청년기를 포함하는 포괄적인 개념으로 사용되며 어린이에서 성인으로 이어지는 과도기적인 시기를 의미한다. 또한 신체적, 정서적, 사회적 발달을 중심으로 청소년기를 정의하기도 한다. 청소년기는 어린이 시기와 달리 새로운 가치관과 세계관을 형성하는 시기이며 부모의 가치관으로부터 독립하기 위해 갈등이 생기기도 하는데, 따라서 이때에는 부모보다 친구가 더 많은 영향을 주는 시기이다. 특히, 정서가 불안한 청소년이거나 애정결핍이 심한 청소년일수록 친구의 영향을 더욱 크게 받는다. 이는 가정에서 소속감, 연대감 등을 갖지 못하거나 부족할 경우 또래집단을 형성하게 되고 비슷한 문제를 지닌 친구들끼리 모여 서로 소속감을 가지면서 많은 영향을 주기도 한다. 오늘날에는 신체적으로 완전하게 성숙한 20대 전후의 청소년들까지도 의미 있는 사회적 활동에 쉽게 스며들지 못하거나 수용되지 못하고 있으며 산업사회의 사회구조와 직업구조는 장기간에 걸쳐 지식과 기술의 습득을 필요로 하기 때문에 '어린이'도 아니고 '성인'도 아닌 '청소년'의 기간을 더욱더 연장시키고 있다.[9]

사고 발달을 살펴보면 논리적 사고는 만 7~8세부터 나타나는데, 아직 주관적 정서적 경향이 강하며 만 11~13세에 객관적 · 논리적 사고가 가능해진다. 만 9~11세부터는 부분을 전체적으로 통일 속에서 인정하고, 탈중심화된 객관적 사고가 가능해진다. 최초는 개개의 사상(事象)을 감각적으로 받아들이는 개별적 판단이기 때문에 사상의 상호관계나 의미관계를 파악할 수 없으나, 단계적으로 통일된 판단이 전체적으로 가능해진다.[10]

정서적 발달을 살펴보면 어린이 시기에는 대체로 화재, 태풍, 지진 등 각종 재난, 안전사고, 전쟁, 죽음 등 비교적 외적 사상에 대한 두려움이 많아지고 청년기가 되면 신체, 성, 시험, 인간관계, 취직 등에 대해서 불안을 느끼는 경향이 나타난다.[11] 이러한 환경이 조성되면서 사회생활의 영역은 현저히 확대된다. 학급집단이라고 하는 형식적 집단에 속하게 되고, 그곳에서 선생님, 친구 등의 인간관계가 전개된다. 초등학교 입학 직후에는 어린이끼리 서로 연관시키는 것은 약하지만, 차차 자발적으로 집단을 형성하게 되며 처음에는 2~3명의 적은 인원이지만, 발달과 더불어 인원수는 증가하여 초등학교 4~5학년 때에는 7~8명으로 늘어나게 된다. 이 시기에는 어린이가 학교라는 울타리 안에서 집단생활을 하면서 협동적, 조직적인 행동을 따르며 친구의 선택을 통해 상호적 접근, 동정, 애착, 존경 등의 감정을 느끼며 행동하게 된다.

사회적 행동의 특징으로는 사회적 승인과 부인*에 대하여 민감하며 친구의 승인을 중요한 부분으로 여긴다. 또한 경쟁에는 개인적 경쟁뿐만 아니라 집단적 경쟁이 나타나고, 운동경기 등에서는 서로 겨루게 되며 동정의 싹도 이 시기에 나타나게 된다. 이 시기는 집단의식이 강해 협력적이며 규칙을 지키고 충성, 자기통제력 등 사회성의 좋은 측면을 배워가는 데 적절한 시기이기도 하다.[12]

---

* 어떤 사실이 있음을 인정(認定)하지 않는 것

어린이와 청소년의 특징

1. 어린이와 청소년 인구의 출생과 전망

　1983년부터 시작된 저출산 현상(TFR 2.1명 이하)이 35년 이상 지속되었고, 초저출산 현상(TFR 1.3명 이하로 진입)은 2002년 이후부터 현재까지 지속되고 있다. 2020년 우리나라 합계출산율은 0.84명으로 세계 유일한 합계출산율 1명 미만인 국가인 만큼 출산율이 낮은 것을 알 수 있다. 이는 우리나라가 출생 통계를 작성한 1970년 이래 최저치이다. 또한 모(母)의 연령별 출산율*을 살펴보면 30대 초반이 78.9명으로 가장 많았고 30대 후반이 42.3명, 20대 후반이 30.6명 순으로 나타났으며 조출생률**은 5.3명으로 전년인 2019년 대비 0.6명

---

* 해당 연령 여자 인구 1,000명당 출생아 수

** 인구 1,000명당 출생아 수

(천 명)　　　　　　■ 출생아 수　　　(가임 여자 1명당 명)

║ 출생아 수 및 합계출산율 추이(1970~2020) 13 ║

이 감소하였다.

　이처럼 우리나라는 출산율의 감소로 인해 자연적으로 어린이, 청소년 인구수가 지속적으로 감소 추세일 수밖에 없는 환경이 되고 있다.

　우리나라의 어린이, 청소년에 대한 출생, 사망 및 자연증가에 대해서는 통계청에서 매년 인구 전망을 실시하고 있다.

　향후(2017~2040년) 출생에서 사망을 제외한 자연증가의 경우 내국인이 2020~2025년 5년간 연 4만 명이 자연감소하고 있는 것을 알 수 있다. 5년간(2020~2025년) 내국인 출생아 수는 연 29만 7,000명 수준이며 외국인 출생아 수는 5년간(2035~2040년) 연 6,000명에서 연 4,000명으로 감소하고 있다. 현재는 출생과 사망이 역전되는 상황이 발생하여 2035~2040년 사이 약 18만 4,000명의 차이가 발생할 것으로 전망된다.

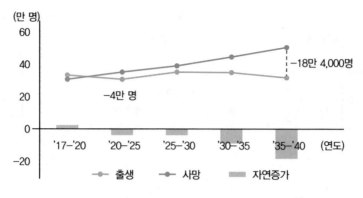

‖ 향후(2017~2040년) 출생, 사망, 자연증가 현황 14 ‖

우리나라는 내국인 출생이 2020년 4,956만 명에서 2040년 4,734만 명 수준으로 지속적으로 감소할 것으로 전망되고 있으며 이에 반해 귀화한 내국인과 이민자 2세는 지속적으로 증가할 것으로 전망하고 있다. 또한 내국인 유소년인구(0~14세)는 2020년 623만 명에서 2040년 489만 명으로 향후 20년간 134만 명이 감소할 것으로 전망되고 있다.

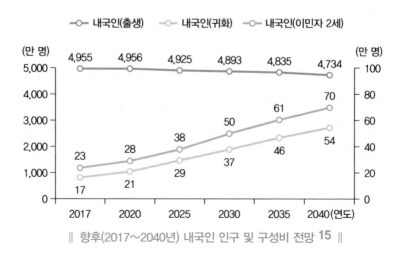

‖ 향후(2017~2040년) 내국인 인구 및 구성비 전망 15 ‖

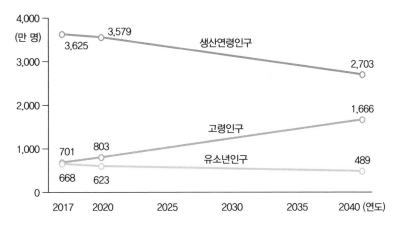

‖ 향후(2017~2040년) 연령계층별 인구 및 구성비 전망 16 ‖

　향후(2020~2040년) 총인구 중 유소년 인구(0~14세)는 2022년 623만 명에서 2040년 489만 명으로 134만 명이 감소할 것으로 전망된다. 이로 인해 생산연령인구도 감소할 것으로 예상되는데, 반면 고령인구는 계속해서 증가할 것으로 전망된다.

　우리나라 학령인구(6~21세)에 대해서는 초등학교, 중학교, 고등학교, 대학교로 구분하여 향후 20년을 살펴보았다.

　초등학교 학령인구(6~11세)는 2020년 269만 명에서 2040년 204만 명으로 향후 20년간 65만 명이 감소될 전망되며 중학교는 2020년 135만 명에서 2040년 99만 명으로 향후 20년간 36만 명이 감소될 전망이다. 고등학교는 2020년 137만 명에서 2040년 89만 명으로 향후 20년간 48만 명이 감소될 전망이며 대학교는 2020년 230만 명에서 2040년 115만 명으로 향후 20년간 115만 명이 감소될 것으로 전망된다.

　이처럼 어린이와 청소년은 인구 감소로 인해 학령인구도 지속적으로 감소하고 있음을 알 수 있다.

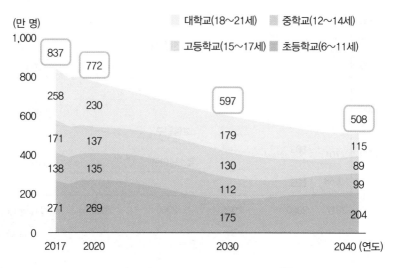

(만 명)

대학교(18~21세) 　중학교(12~14세)

고등학교(15~17세) 　초등학교(6~11세)

|| 향후(2017~2040년) 학령인구 전망 17 ||

2. 어린이 현황과 특성

국내 어린이 인구 현황에 대하여 최근 10년간(2011~2020년) 만 13세 이하 통계자료를 살펴보면 어린이 인구현황은 2011년 649만 6,568명에서 2020년 536만 1,526명으로 10년간 113만 5,042명 (17.5% 감소)의 어린이가 감소하였으며 매년 감소하고 있는 것을 알 수 있다.

여기에서는 어린이를 영아기, 걸음마기, 유아기, 학령기로 구분하여 발달 특성을 알아보고자 한다.

영아기(0세)의 경우 움직임이 자유롭지 못해 활동범위가 좁고 대부분의 시간을 가정에서 보내기 때문에 주택에서의 안전사고 비율이 매우 높게 나타나는 특징이 있다. 걸음마기(1~3세)도 영아기와 마찬가

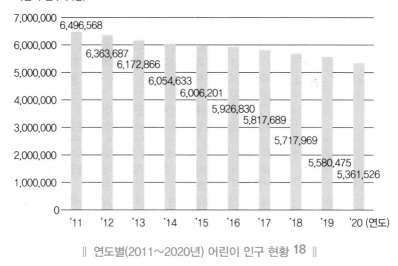

어린이 인구수(명)

|| 연도별(2011~2020년) 어린이 인구 현황 18 ||

지로 주로 활동하는 생활공간인 주택에서의 안전사고 비율이 높은 것이 특징이다. 유아기(4~6세)에는 걸음마기보다 주택에서 활동하는 비중이 감소하고 교육시설이나 놀이시설 등의 비중이 증가하는 시기로 놀이시설 등 주택 외의 안전사고 비율이 증가한다. 학령기(7~14세)는 어린이 발달단계 중 주택의 비율이 가장 낮으며, 도로 및 인도, 교육시설 등에서의 안전사고 비중이 증가하는 것이 특징이다.

초등학생을 대상으로 하여 학년별 발달 및 행동 특성을 저학년과 고학년으로 구분하여 살펴보면 다음과 같다.

저학년은 현실감각이 부족하고 세분화된 조작 활동을 할 때 인지능력이 높아지며 방향감각이 불명확하다. 또한 인내력이 약하고 성급한 것이 일반적인 행동특성이며 집단의식이 적고 행동이 개인적이지만 점점 사회의 요구를 이해하고자 한다. 가장 큰 특징으로는 집중의 지속시간이 짧고 자주 변하여 한 가지 일에 오래 집중하지 못하는

구분	발달 특성
영아기 (0세)	• 기본적인 반사운동과 감각능력이 발달하기 시작하면서 가장 극적인 성장과 발달이 이루어지며, 목 가누기, 앉기 등 기본적인 대근육과 손 뻗기, 잡기, 쥐기 등의 소근육 발달이 이루어짐 • 뼈의 조직이 연골에서 점차 경골화되어 뼈가 단단해짐에 따라 점차 골격이 발달하고 내부 기관이 보호됨
걸음마기 (1~3세)	• 영아기보다 뛰기, 계단 오르기 등 운동능력이 향상되고 신장에서 머리의 비중이 점점 작아져 신체균형이 발달하며 안정적인 자세를 유지하는 것이 가능함 • 언어와 상징을 사용하여 사고하며, 분류능력의 발달로 단순한 사물을 분류할 수 있고, 자아개념이 발달하기 시작함
유아기 (4~6세)	• 신체의 균형이 잡히면서 움직임이 더욱 안정되고 유연해지며, 소근육 조절 능력이 발달하여 양손을 이용한 활동을 할 수 있음 • 보다 활동적인 놀이를 즐기고 유치원, 놀이터, 키즈카페 등 외부활동이 증가함 • 구체적 사물이나 행동이 제시되지 않아도 상상하거나 추측하여 행동하는 것이 부분적으로 가능함
학령기 (7~14세)	• 다른 발단단계에 비해 논리적 사고와 신체적 정교한 움직임이 가능한 시기이며, 뼈와 근육의 발달로 운동능력이 향상되어 신체의 정교한 움직임이 가능함 • 집단놀이를 통해 사회성이 발달하고 자기중심적 사고에서 벗어나 타인의 관점에서 상황을 인식함

경향이 있다. 고학년이 되면서 옳고 그름에 대한 판단력이 점점 갖추어져 가는 반면 본인이 잘못한 부분을 알면서도 인정하지 않으려고 하는 모습을 보인다. 특이사항으로 초등학생 중 주의력결핍 과잉행동장애가 있는 학생은 증상에 따라 주의력 결핍과 과잉행동-충동형 등으로 나타날 수 있고 특징으로 장시간 집중해야 하는 활동이 어렵거나 부주의한 실수를 반복하는 모습을 보인다.

초등학생은 일반적으로 덜 성숙된 인지능력을 갖고 있으며, 평소에 다니고 생활하는 익숙한 공간이더라도 재난 발생 시와 같이 긴급한 사태에 대해서는 스스로 판단하고 행동할 수 있는 능력이 부족하다. 이러한 재난 및 위험 상황으로부터 회피하기 위해 초등학생은 스스로 판단하고 행동하지만 그러한 결정이 더욱더 위험한 상황으로 빠뜨릴 수 있다는 것을 인지하거나 생각하는 데 어려움이 있다. 이 때문에 평상시부터 일상생활 속뿐만 아니라 반복적인 안전교육 및 훈련을 실시하여 올바른 안전인식을 고취시킬 필요가 있다.

▼ 초등학생 학년별 발달 특성 20

구분	발달 특성
1학년	• 현실감각이 떨어지고 구체적인 조작 활동을 할 때 인지력이 높아짐 • 방향감각(동서남북, 좌우)이 불확실하고 참을성과 집중력이 약함
2학년	• 정서의 지속시간이 짧고 강렬하며 자주 변하므로 한 가지 작업에 오래 열중하지 못함 • 감정 위주로 행동하며 집단의식이 적고 손해 보려고 하지 않음
3학년	생각하고 서로 협동하는 활동보다는 놀이적인 활동에 더 관심을 보이며 시공간에 대한 구별이 존재함을 인식하고 이를 구별하려 애씀
4학년	가공의 세계와 현실 세계에 대한 구별을 확실히 하며 어른들의 행동에 대해 비판적 관점을 가지기 시작하고 어른들의 행동에 대해 따지고 확실한 근거를 요구하기도 함
5학년	옳고 그름에 대한 분별력이 거의 완벽하게 갖추어져 있고 자기 주장에 대한 적절한 근거를 들 줄 아나 자기가 잘못한 것을 알면서도 끝까지 인정하지 않고 버티는 모습을 보이기도 함
6학년	비판의식 및 또래의 집단의식이 강해지고 또래집단 내에서 힘에 의해 우열 순위가 결정되며 그 결정을 모두가 무리 없이 받아들임

3. 청소년 현황과 특성

청소년이란 용어는 라틴어로 성장한다(to grow up) 또는 성숙에 이른다(to come to maturity) 라는 의미를 가지고 있으며 이 시기가 신체적, 심리적, 사회적 성장이 급속하게 진행되는 전환기적 의미를 지닌다.

2021년 기준 우리나라 청소년 인구(9~24세)를 살펴보면 830만 6,000명으로 총인구의 16.0%이고, 1982년 1,420만 9,000명이었던 청소년 인구는 2060년에는 총인구의 10.4%인 445만 8,000명으로 감소할 것으로 전망되고 있다. 2021년 기준 학령인구(6~21세)는 763만 8,000명으로 총인구의 14.7%를 차지하고 있으며 총인구 중 학령인구 비중은 지속적으로 감소하여 2060년에는 총인구의 9.8%로 전망되고 있다. 또한 2020년 다문화 학생은 전년 대비 7.4% 증가한 14만 7,000여 명으로, 우리나라 초 · 중 · 고등학교 전체 학생 수는 감소한 반면,

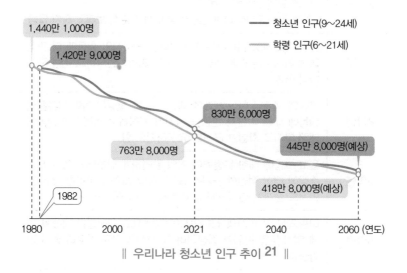

‖ 우리나라 청소년 인구 추이 21 ‖

▼ 청소년 특성 22

구분	발달 특성
인지발달적 특성	• 청소년기는 형식적 조작기에 해당되는 인지발달의 최종단계에 접어듦 • 이 시기는 구체적인 상황과 맥락이 반드시 주어지지 않아도 추상적이고 형식적인 개념에 대해서도 인지가 가능해지며 자신만의 가치관, 인생관, 세계관, 이상(Ideal)에 대한 관점을 가질 수 있음 • 청소년들은 사회적 상호작용을 통해 타인의 관점을 수용하는 법을 배우고 자신이 남들과 다르지 않다는 것을 알아감 • 이러한 과정을 통해 청소년기 특성인 자아 중심성과 개인적 우화를 줄여가면서 성인이 됨
심리정서적 특성	• 청소년기는 심리/정서적으로 매우 변화폭이 커지고 예측하기 어려워지기도 함 • 이 시기는 생활에서 느끼는 감정의 종류와 폭이 매우 복잡해지므로 정서의 문제 또한 심각하게 대두되며 개인에 따라 과격하고 불안정해 보이기도 함 • 스스로가 심리정서적인 긴장을 견딜 수 있는 자기 통제의 역할이 증가하기도 함 • 혼란스럽고, 극단적이며 모순적인 정서를 겪으면서도 스스로 자신이 겪는 감정에 대해 궁금해 하기도 함
신체적 특성	• 청소년기는 신체적 발달이 가장 크게 일어나는 단계로 이 시기에 접어들면 키와 몸무게가 급격하게 늘어남 • 근육과 골격, 신경계, 지방, 순환기의 기능, 많은 조직과 기능이 발달하기 시작함 • 남녀의 성호르몬 분비로 인한 2차 성징이 나타나 성차가 뚜렷해짐
사회적 특성	• 청소년기는 보다 사회적 기술이 정교해지고 또래들, 친구들에 대한 관심이 많아지며 또래집단에 소속되고자 하는 욕구가 커짐 • 부모의 보호가 있어야 했던 시기인 아동기를 벗어나면서 가정 안에서 받던 관심이나 간섭에서 벗어나고 싶어 하며 행동반경이 넓어지게 됨 • 지역사회에 대한 탐색, 새로운 대인관계에 대한 폭이 넓어지고 사회적 활동범위도 점점 커지게 됨 • 이 시기 친사회적인 행동양식과 사회적 인간으로서 성장하는 것은 매우 주요한 과제가 됨

다문화 학생 수는 증가하고 있다.

청소년기는 기본적으로 성장하는 과정이므로 변동성이 강하고 정서나 인지, 행동발달, 자기통제력 등이 미숙할 수 있으며 유해환경에 대한 취약성도 높다. 부모님, 교사 등 가까운 성인이 주는 지시의 많은 부분을 따르던 아동기와 달리 주변 환경이나 규칙에 의문을 품거나 반항심을 나타낼 수도 있다. 아직은 부모의 보호가 필요하고, 성인의 권리와 의무를 완전하게 가지지 못하였지만 정체성에 대한 자각과 자율성에 대한 추구가 부딪치며 불안정을 경험하게 된다.

청소년기에 겪는 정서적 특성은 환경과 기질, 개인차에 의해 어느 정도 차이는 있지만 정서조절 전략 및 자기 통제력이 매우 중요한 역할을 하게 된다. 사춘기 시기 겪는 외로움이나 불안, 고독감, 분노 등 부정적 감정이 크다고 해서 긍정적 정서를 경험하지 않는 것은 아니다.

청소년기의 일반적 특성은 '청소년 특성' 표와 같다.

4. OECD 주요 국가 어린이 인구 현황

OECD 주요국 중 터키, 벨기에, 캐나다, 독일은 2015년도부터 만 14세 이하 어린이 인구수가 꾸준히 증가하고 있다. 그러나 이를 제외한 대부분의 국가는 어린이 인구수가 감소 추세에 있다.

2020년 OECD 국가 평균 어린이 인구수를 살펴보면 미국(18.4%), 터키(23.9%), 호주(19.3%), 칠레(19.2%) 등이 매년 증가하지는 않지만 OECD 국가의 평균(17.8%)보다 높은 국가로 어린이 인구가 낮은 수준은 아니다. 이에 비해 우리나라는 OECD 주요 국가에 비해 어린이 인구 현황이 평균(17.8%)보다 현저하게 낮은 비율인 12.5%를 차

구분	2016년 현황 (명)	비율 (%)	2017년 현황 (명)	비율 (%)	2018년 현황 (명)	비율 (%)	2019년 현황 (명)	비율 (%)	2020년 현황 (명)	비율 (%)
OECD	–	18.3	–	18.1	–	18.0	–	17.9	–	17.8
미국	61,459,046	19.0	61,313,248	18.9	61,148,289	18.7	60,902,964	18.5	60,531,991	18.4
터키	20,215,823	25.3	20,281,349	25.0	20,296,346	24.6	20,265,738	24.3	20,192,508	23.9
프랑스	12,174,167	18.2	12,118,737	18.1	12,049,134	18.0	11,971,760	17.8	11,897,078	17.7
영국	11,540,882	17.6	11,649,486	17.6	11,748,914	17.7	11,827,156	17.7	11,881,832	17.7
독일	10,964,972	13.3	11,117,936	13.5	11,292,622	13.6	11,466,404	13.8	11,616,711	14.0
이탈리아	8,248,168	13.6	8,157,364	13.5	8,053,687	13.3	7,864,324	13.2	7,734,454	13
호주	4,584,735	19.0	4,690,354	19.1	4,794,332	19.2	4,889,361	19.3	4,955,653	19.3
벨기에	1,928,234	17	1,937,926	17	1,948,932	17.1	1,959,814	17.1	1,968,445	17
포르투갈	1,432,847	13.9	1,407,750	13.7	1,383,987	13.5	1,363,144	13.3	1,345,284	13.1
⋮	⋮	⋮	⋮	⋮	⋮	⋮	⋮	⋮	⋮	⋮
대한민국	6,913,344	13.5	6,792,869	13.2	6,695,095	13	6,591,071	12.7	6,494,739	12.5

지하고 있다. 이는 우리나라가 인구의 감소가 매우 높게 나타나고 있음을 보여준다.

Chapter 3

어린이와 청소년의
안전사고

어린이와 청소년의 안전

1. 어린이와 청소년 안전

어린이와 청소년의 안전은 전 세계적으로 중요하게 생각하며 다양한 정책을 마련하여 안전성을 확보하기 위한 노력을 하고 있다. 어린이와 청소년 안전에 대한 정의를 정확하게 규정하는 일은 어려운 일이다. 사전적인 의미와 과거 다양한 연구에서 살펴보더라도 본질적인 의미는 같지만, 나라마다, 연구자마다 조금씩 견해가 다르고 시대적 배경과 사회적 환경의 변화에 따라 달라진다.

국내에서는 '어린이안전'에 대한 개념을 「소비자기본법」상에서 안전취약계층에 속하는 어린이의 특징을 고려하여 어린이들이 제품 · 서비스 또는 시설 등을 사용하거나 이러한 것들이 어린이를 위하여 사용되는 과정에서 위해나 위험이 발생하지 않도록 조치된 상태로 정의하고 있다.

그 밖에는 정확한 개념이 존재하지 않아 사전적 의미 및 선행연구를 통해 개념을 살펴보았다. 먼저, 국립국어원의 《표준국어대사전》상의 '안전'은 위험이 생기거나 사고가 날 염려가 없거나 또는 그런 상태로 정의하고 있다.

▼ 안전에 대한 개념 1

구분	내용
국립국어원 표준국어대사전	위험이 생기거나 사고가 날 염려가 없음 또는 그런 상태
유혜경 (2000)	• 인간의 행동 수정에 의해 만들어진 조건이나 상태 또는 위험 가능성을 줄일 수 있도록 물리적 환경을 고안함으로써 사고를 감소시키는 것 • 위험으로부터 오는 사망, 상해 및 질환 또는 재산상의 손실과 같은 손해를 방지 또는 극소화시키려고 시도하는 상태
이상희 (2005)	• 사고에 의한 고통 또는 이것의 위험으로부터 자유로운 상태 • 넓은 의미에서는 삶의 전부이며, 좁은 의미에서 안전은 사고를 방지하는 것을 포함하는 신체적 삶의 전부
조범상 (2005)	뜻하지 않은 사고로부터 정신적·신체적 손상을 없애 신체를 편안하게 하는 상태
박진선 (2006)	위험 가능성 혹은 사고를 제거하는 것을 목적으로 하는 인간의 행동에서 발생하는 용태
김해미 (2007)	안전이란 사고로부터 뜻하지 않게 정신적이나 신체적으로 피해를 입지 않고 편안한 상태
김희철 의원실 (2010)	사고를 야기할 수 있는 위험 가능성을 감소시키기 위하여 인간의 행동을 수정하거나 물리적으로 환경을 조성한 조건이나 상태
남유정 (2013)	위험하지 않고 편안한 상태이며, 상처를 입은 곳이 없는 상태

선행연구에서 살펴보면 안전은 사고를 감소시키거나 위험으로부터 오는 피해를 극소화시키려고 시도하는 상태, 사고에 대한 고통 또는 위험으로부터 자유로운 상태, 사고로부터 뜻하지 않게 정신적 및 신체적으로 피해를 입지 않고 편안한 상태, 위험하지 않고 편안한 상태이며, 상처를 입은 곳이 없는 상태 등 다양한 용어를 활용하여 정의하고 있지만 본질적인 의미는 동일하게 제시되어 있다.

어린이와 청소년 안전은 만 24세 이하인 사람을 대상으로 심리적·신체적으로 편안한 상태, 위험요소로부터 안전한 상태를 기반으로, 미래위협요소를 제거하여 위험을 사전에 예방하고, 안전한 상태를 지속적으로 유지하는 상태를 포함한다.

2. 어린이와 청소년 안전사고

안전사고의 개념은 사전적 의미, 선행연구 등 본질적인 의미는 동일하지만 다양한 용어를 활용하고 있다.

국립국어원의 《표준국어대사전》상 안전사고는 공장, 공사장 등에서 안전교육의 미비 또는 부주의 따위로 일어나는 사고로 정의하고 있으며 안전사고를 좁게 정의하면 고의성이 없는 불완전한 인간의 행동과 불안전한 물리적 상태 및 조건이 원인으로 작용하여 사망(이나 부상)을 초래하는 사고로 정의할 수 있다.

한편, 넓게 정의하면 사람의 부주의뿐만 아니라 다양한 인적, 물적, 환경적 요인에 의해 인간이 정상적인 활동과정을 방해받아 사망, 상해, 손실을 초래하는 예기치 못한 상태로 정의할 수 있다.

어린이와 청소년 안전사고에 대한 개념은 종합적인 개념보다는 분

▼ 안전사고의 개념 2

구분	내용
국립국어원 표준국어대사전	공장, 공사장 등에서 안전교육의 미비 또는 부주의 따위로 일어나는 사고
민중서관 국어대사전 (2000)	뜻하지 않은 우발적인 사고
이은숙, 김정남 (2003)	간단한 찰과상, 타박상, 날카로운 물체에 베인 상처로부터 교통사고, 화상, 감전, 익사, 추락 등 안전 관련 부상으로 인한 신체적, 정신적, 경제적 불편감을 초래하는 모든 사고를 의미
Basic 중학생을 위한 기술 · 가정 용어사전 (2007)	위험이 발생할 수 있는 장소에서 안전교육의 미비, 안전수칙 위반, 부주의 등으로 발생하는 사람 또는 재산 피해를 주는 사고
우정사업조달센터 안전보건 통합관리지침 (2021)	고의성이 없는 어떤 불안전한 행동이나 불안전한 상태가 선행되어 작업능률을 저하시키며 직 · 간접으로 인명이나 재산상의 손실을 가져올 수 있는 사건

야별 개념으로 활용되고 있으며 대표적인 안전사고의 개념은 학교 안전사고가 있다. 학교 안전사고는 「학교안전사고 예방 및 보상에 관한 법률」상에서 교육활동 중에 발생한 사고로서 학생, 교직원 또는 교육활동 참여자의 생명 또는 신체에 피해를 주는 모든 사고 및 학교급식 등 학교장의 관리 및 감독에 속하는 업무가 직접 원인이 되어 학생, 교직원 또는 교육활동 참여자에게 발생하는 질병으로 규정하고 있다.

청소년 안전사고는 신체적 변화, 인지적 변화, 심리적 변화, 독립성 선호, 동료 중심의 사회성, 낮은 사회성, 낮은 정체성, 위험적인 사고 등 다양한 원인이 있다. 어린이와 청소년 안전사고는 '만 24세 이하 사람을 대상으로 비의도적 상황에서 심리적, 신체적으로 피해를 입히는 사고'를 포함하며, 부주의뿐만 아니라 다양한 인적, 물적, 환경

▼ 청소년 안전사고 원인

구분	내용
신체적 변화	급속한 성장, 호르몬의 급격한 변화
인지적 변화	즉각적인 결과 선호
심리적 변화	순종에서 반항으로
독립성 선호	기본규칙 저항, 영웅숭배 의사결정 미흡
동료 중심의 사회성	친구 중요, 호기심 증가, 위험적 행위
낮은 정체성	낮은 자아상, 동료에게 갈채, 무모한 행동
위험적인 사고	오토바이 사고, 폭력사고, 익수사고, 무모한 경쟁으로 인한 사고

적 요인 등에 의해 정상적인 활동을 비의도적으로 방해받아 사망, 상해, 손실을 초래하는 예기치 못한 상태를 의미한다.

02

어린이와 청소년의 안전사고

1. 어린이와 청소년의 안전사고 현황

최근 10년간(2011~2020년) 어린이안전사고 연평균 건수는 2만 3,629건으로 매년 2만 건 이상 안전사고가 발생하고 있다. 어린이안전사고 건수는 2014년까지 증가하다가 이후 증감을 반복하고 있으며 2014년(2만 7,381건)에 가장 많았고 2020년(1만 8,494건)에 가장 낮았다.

어린이안전사고 비율은 연평균 35.31%로 전체 안전사고의 1/3 이상을 차지하고 있으며 2020년은 1만 8,494건(26.4%)으로 2019년(2만 4,971건)보다 25.9% 감소하였다. 우리나라 총인구 대비 어린이 비율은 2020년 기준 12.2%이고 어린이안전사고율은 26.4%이며 어린이 10만 명당 안전사고 사망자 수는 2.4명 발생하였다. 어린이 인원 대

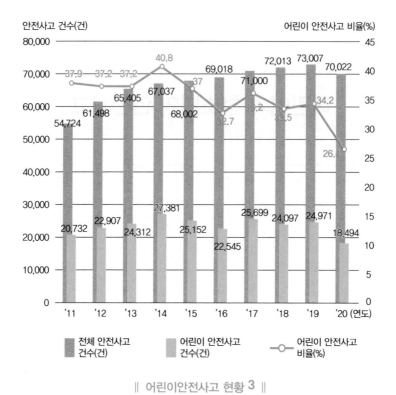

‖ 어린이안전사고 현황 3 ‖

비 안전사고율이 2배 이상 발생한 것을 알 수 있다.

　어린이 발달단계별 주요 안전사고 원인을 살펴보면 '추락', '미끄러
짐·넘어짐', '부딪힘' 사고는 모든 발달단계에서 상위권을 차지하였
으며, '추락'은 연령이 증가할수록 점차 비중이 낮아졌다. '미끄러짐·
넘어짐' 사고는 걸음마기부터 1순위로 가장 많았으며 '부딪힘' 사고는
걸음이 서툰 '걸음마기'에 23.2%로 가장 높았고 이후 '유아기'와 '학령
기'에 각각 21.6%, 15.4%로 비중이 점차 감소하고 있다. '고온물질로
인한 위해'는 '영아기'가 가장 높았으며 연령이 높아질수록 고온물질
에 대한 위험성을 학습함에 따라 점차 감소하는 추세를 보인다.

순위	영아기	걸음마기	유아기	학령기
1	추락 (5,303건, 50.8%)	미끄러짐·넘어짐 (14,285건, 26.3%)	미끄러짐·넘어짐 (8,314건, 31.3%)	미끄러짐·넘어짐 (7,745건, 31.6%)
2	부딪힘 (1,076건, 10.3%)	부딪힘 (12,615건, 23.2%)	부딪힘 (5,706건, 21.6%)	부딪힘 (3,764건, 15.4%)
3	미끄러짐·넘어짐 (858건, 8.2%)	추락 (9,540건, 17.5%)	추락 (4,264건, 16.1%)	추락 (2,827건, 11.6%)
4	식품섭취로 인한 위해 (694건, 6.7%)	이물질 삼킴/흡인 (4,917건, 9.0%)	눌림·끼임 (2,105건, 7.9%)	식품섭취로 인한 위해 (2,367건, 9.7%)
5	고온물질로 인한 위해 (667건, 5.3%)	눌림·끼임 (4,376건, 8.0%)	이물질 삼킴/흡인 (2,006건, 7.6%)	충돌, 추돌 등 물리적 충격 (1,790건, 7.3%)
6	이물질 삼킴/흡인 (553건, 5.3%)	베임·찔림 (2,128건, 3.9%)	식품섭취로 인한 위해 (1,240건, 4.7%)	베임·찔림 (1,664건, 6.8%)
7	눌림·끼임 (468건, 4.5%)	고온물질로 인한 위해 (2,123건, 3.9%)	베임·찔림 (1,108건, 4.2%)	눌림·끼임 (1,419건, 5.8%)
8	베임·찔림 (323건, 3.1%)	식품섭취로 인한 위해 (1,990건, 3.7%)	충돌, 추돌 등 물리적 충격 (538건, 2.0%)	이물질 삼킴/흡인 (789건, 3.2%)
9	충돌, 추돌 등 물리적 충격 (159건, 1.5%)	충돌, 추돌 등 물리적 충격 (977건, 1.8%)	고온물질로 인한 위해 (414건, 1.6%)	파열·파손· 꺾여짐 (588건, 2.4%)
10	약물 부작용 (52건, 0.5%)	파열·파손· 꺾여짐 (358건, 0.7%)	파열·파손· 꺾여짐 (212건, 1.3%)	고온물질로 인한 위해 (388건, 1.6%)

청소년 사망 원인은 9년째 고의적 자해인 자살이 1위를 기록하였으며 그 뒤로 안전사고, 악성신생물(암) 순으로 나타났다. 가장 큰 고

구분	1순위	2순위	3순위
2010년	안전사고 (935명, 8.9%)	고의적 자해(자살) (926명, 8.8%)	악성신생물(암) (344명, 3.3%)
2011년	고의적 자해(자살) (931명, 8.9%)	안전사고 (818명, 7.8%)	악성신생물(암) (339명, 3.3%)
2012년	고의적 자해(자살) (822명, 8.0%)	안전사고 (731명, 7.1%)	악성신생물(암) (352명, 3.4%)
2013년	고의적 자해(자살) (793명, 7.8%)	안전사고 (652명, 6.4%)	악성신생물(암) (311명, 3.1%)
2014년	고의적 자해(자살) (742명, 7.4%)	안전사고 (684명, 6.9%)	악성신생물(암) (288명, 2.9%)
2015년	고의적 자해(자살) (708명, 7.2%)	안전사고 (561명, 5.7%)	악성신생물(암) (282명, 2.9%)
2016년	고의적 자해(자살) (744명, 7.8%)	안전사고 (526명, 5.5%)	악성신생물(암) (293명, 3.1%)
2017년	고의적 자해(자살) (722명, 7.7%)	안전사고 (458명, 4.9%)	악성신생물(암) (257명, 2.7%)
2018년	고의적 자해(자살) (827명, 9.1%)	안전사고 (420명, 4.6%)	악성신생물(암) (264명, 2.9%)
2019년	고의적 자해(자살) (876명, 9.9%)	안전사고 (367명, 4.1%)	악성신생물(암) (226명, 2.6%)

민거리는 공부(46.5%)이고 그 뒤로 외모(12.5%), 직업 문제(12.2%) 순으로 나타난 것을 알 수 있다.

안전사고는 운수사고, 추락, 익사, 화재, 중독, 기타 외인 등을 바탕으로 사망 현황을 파악하였다.

2. 어린이와 청소년의 안전취약 특성

어린이, 청소년 안전 취약 특성을 알아보기 위해 안전사고 발생 현황과 주요 유형을 한국소비자원 2020년 어린이안전사고 동향 분석' 자료를 바탕으로 살펴보았다.

어린이안전사고 주요 유형을 살펴보면 미끄러짐·넘어짐·부딪힘, 추락사고, 눌림·끼임 사고, 이물 삼킴/흡인 사고 등이 있다.

'미끄러짐·넘어짐·부딪힘'은 유아기 이전 어린이가 신체적 발달이 완전하지 않아 발생하는 대표적인 사고로 바닥재, 가구, 놀이장비 및 액세서리 등 가정에 있는 다양한 물품에 의해 발생하고 있다. 이러한 안전사고 사례를 살펴보면 2020년 1월 유○○(여, 만 2세)은 거실 목재마루재에서 넘어지며 TV장에 부딪혀 이마의 열상으로 치료를 받았으며 2020년 3월 반○○(여, 만 2세)은 거실 소파에서 미끄러지며 바닥에 놓여 있던 장난감 레고에 부딪혀 머리의 열상으로 치료를 받았다. 또한 2020년 8월 강○○(남, 만 6세)은 내리막길에서 킥보드를 타고 내려가다 넘어져 이마의 부종으로 치료를 받았다. 이처럼 미끄러짐·넘어짐·부딪힘으로 인한 안전사고를 예방하기 위해서는 바닥 미끄럼 방지매트, 가구 모서리 보호대 등 충격 완화장치 등을 활용해 안전사고를 예방하고, 놀이터 시설에서의 안전수칙교육을 통하여 안전성을 확보할 필요가 있다.

'추락사고'는 영아기에 다발하는 사고 유형 중 하나로 다른 안전사고 유형에 비해 영아기 비중이 높은 편이다. 영아기에는 침대, 소파, 가구 등 가정 내에서 추락하여 골절이나 타박상을 입는 사례가 많으며 야외에서는 계단 및 층계, 놀이터 시설 등에서 추락으로 인한 안전사고가 발생하고 있다. 이러한 안전사고 사례를 살펴보면 2020년

9월 박○○(남, 만 3세)은 이층침대의 2층에서 아래를 내려다 보다 떨어져 머리에 뇌진탕을 입고 치료를 받았으며 2020년 7월 홍○○ (남, 만 6세)은 아파트 놀이터 미끄럼틀에서 떨어지며 바닥에 부딪혀 팔꿈치의 타박상으로 치료를 받았다. 또한 2020년 8월 김○○(남, 만 1세)은 집 거실에서 장난감 말을 타고 놀던 중 바닥으로 떨어져 오른쪽 팔꿈치에 타박상을 입고 치료를 받았다. 이처럼 어린이 시기에는 부주의로 인한 추락사고, 청소년기에는 장난으로 인한 추락사고 등 안전사고가 여전히 발생하고 있다. 이에 침대 등에 안전가드를 설치하고 바닥 매트 등 충격을 완화할 수 있는 장치를 활용하여 유아기 안전사고를 예방해야 하며 위험청소년기 안전교육으로 인한 경각심을 일깨워 안전성을 확보하기 위한 노력이 필요하다.

'눌림 · 끼임 사고'는 주로 문, 자전거, 리프트시설, 기타 승용물 등에서 발생하고 있다. 이러한 안전사고 사례를 살펴보면 2020년 3월 김○○(여, 만 8세)은 안방 문틈에 왼손 약지가 끼어 타박상을 입고 치료를 받았으며, 2020년 5월 채○○(남, 만 7세)은 공원에서 자전거를 타다 체인에 발목이 끼어 타박상으로 치료를 받았다. 또한 2020년 5월 이○○(여, 만 7세)은 아파트 내 엘리베이터에 오른손 검지가 끼어 타박상을 입고 치료를 받았으며 2020년 8월 홍○○(남, 만 6세)은 차문에 왼손 중지와 약지가 끼어 손가락의 타박상으로 치료를 받았다. 이처럼 가정 내 방문에 손 끼임을 방지하는 고무나 문 닫힘 방지 안전보호대를 설치하고 자동차나 주택 외 시설에서는 보호자의 감독이 필요하다. 특히, 어린이부터 청소년기에 지속적인 안전교육을 통해 위험성에 대한 인지를 통해 위험한 활동을 최소화할 수 있도록 할 필요가 있다.

'이물 삼킴/흡인사고'는 어린이가 호기심에 작은 완구, 문구용품,

‖ 어린이안전 취약성 6 ‖

학습용품, 부품, 해충퇴치 제품, 동전, 콩 등을 삼키거나 코나 귀에 넣는 사례가 많다. 이로 인해 작게 부상부터 사망까지 이르게 한다. 이러한 안전사고 사례를 살펴보면 2020년 1월 박○○(여, 만 4세)은 유축기 속에 지름 5mm 크기의 플라스틱 구슬이 들어가 이물로 치료를 받았으며, 2020년 10월 김○○(남, 만 7세)은 가로 2cm, 세로 1cm의 자석을 삼켜 소화계통의 이물로 치료를 받았다. 또한 2020년 6월 김○○(남, 3개월)은 500원짜리 동전을 삼켜 소화계통의 이물로 치료를 받았다. 이처럼 어린이 주변에 크기가 작은 물건을 두지 않아야 하며 장난감 구매 시 연령대를 확인하여 구입해야 한다.

Chapter 4

우리나라
어린이와 청소년의
안전 법·제도

어린이안전관리에 관한 법률

2016년 4월, 4살 어린이가 교통사고를 당하였고 어린이집의 응급조치가 늦어지면서 사망한 사건을 계기로 2016년 8월에 어린이안전사고 발생 시 응급조치 의무화를 내용으로 하는 「어린이안전관리에 관한 법률」이 발의되었다. 이후 국회에 계류되었다가 2019년 국민청원 27만 명의 동의를 거쳐 2020년 일명 '해인이법'이라 불리는 「어린이안전관리에 관한 법률」이 국회를 통과하였다.

1. 제정 이유

「어린이안전관리에 관한 법률」의 제정 이유는 어린이들이 공동체의 기초로서 안전하고 행복하게 생활할 권리가 있으며 스스로 보호할 능력을 갖출 때까지 적절한 보호 아래 있어야 하기 때문이다. 국가는 어린이들이 안전하게 성장할 수 있도록 세심한 관심을 기울여야 하며 어린이안전에 대한 정책을 적극적으로 입안하고 추진하여야 할 의무가 있다.

그러나 어린이안전관리에 관한 규정들이 여러 법률에 산재하고 주관부처가 일원화되어 있지 않아 어린이안전관리에 대하여 체계적이고 종합적인 대책을 마련하기가 어려운 실정이다. 또한 행정안전부는 '어린이안전 종합대책'을 수립하고 있으나 그 법률상 근거가 마련되어 있지 않고 부처별로 소수의 정책과제를 선정하는 수준에 그치고 있다. 어린이가 응급상황에 처하거나 안전사고 위험에 노출된 경우 그 안전을 확보하기 위한 조치가 반드시 필요함에도 응급조치의무에 관한 규정은 「영유아보육법」 등 일부 개별법에 제한적으로 규정되어 있을 뿐 대단히 미흡한 실정이다.

이에 어린이안전에 관한 정책을 체계적으로 추진하고 주관부처를 명확히 하기 위하여 「어린이안전관리에 관한 법률」을 제정하였다.

2. 주요 내용

2020년 11월 27일부터 시행된 「어린이안전관리에 관한 법률」은 총 6장 18조로 구성되어 있으며 어린이의 생명과 신체에 대한 위험예방 및 안전확보를 위하여 중앙부처, 지방자치단체, 어린이이용시설 관리 주체·종사자의 의무사항을 규정하고 있다.

주요 내용은 어린이안전 종합·시행계획 수립, 어린이안전 실태·현장조사, 응급·안전조치 의무화, 안전교육 의무화 등이 있다.

행정안전부장관은 5년마다 '어린이안전 종합계획'을 수립하고, 중앙안전관리위원회의 심의를 거쳐 이를 확정 혹은 변경할 수 있도록 명시하고 있다. '어린이안전 종합계획'에 따라 관계 중앙행정기관의 장 및 지방자치단체의 장은 종합계획에 따라 매년 어린이안전 시행계획을 수립 및 시행한다.

행정안전부장관, 관계 중앙행정기관의 장 또는 지방자치단체의 장은 어린이안전사고 예방을 위한 실태조사와 위험성 평가 및 관련 연구를 직접 수행하거나 전문기관 또는 전문가에게 위탁할 수 있다. 세부 내용은 어린이안전사고 예방을 위한 '실태조사' 및 '위험성 평가', 위험 발생 또는 발생 우려 시 서류 · 시설 · 장비 등 '현장조사', 조사

▼ 어린이안전 종합계획 수립 절차

구분	내용
종합계획 수립 (행정안전부)	어린이안전 종합계획 수립(5년마다) ※ 다수의 관계 중앙부처에서 추진하고 있는 어린이안전 정책을 추진과제로 설정
종합계획 확정 (행정안전부)	어린이안전 종합계획을 중앙안전관리위원회 심의 · 확정 ※ 변경 시 중앙안전관리위원회에서 재심의
종합계획 통보 (행정안전부)	어린이안전 종합계획 및 시행계획 수립 지침 통보 - 행정안전부 → 중앙행정기관 · 지방자치단체(광역 · 기초)
시행계획 수립 (중앙부처 및 지방자치단체)	종합계획에 따라 각 지역적 특성을 반영하여 시행계획 수립 - 중앙행정기관 · 지방자치단체(광역 · 기초)
시행계획 결과보고 (중앙부처 및 지방자치단체)	각 관계부처 및 지방자치단체(광역 · 기초)에서 수립한 당해연도 계획 및 전년도 결과를 행정안전부로 보고 ※ 행정안전부장관은 해당내용을 취합하여 국회 소관 상임위원회 보고

구분	내용
제1장 총칙	제1조(목적)
	제2조(기본이념)
	제3조(정의)
	제4조(국가 및 지방자치단체의 책무)
	제5조(보호자 등의 책무)
	제6조(다른 법률과의 관계)
제2장 어린이 안전 정책의 수립 및 추진체계	제7조(어린이안전 종합계획의 수립)
	제8조(연도별 시행계획의 수립 · 시행 등)
	제9조(업무의 협조)
제3장 어린이 안전을 위한 조사 등	제10조(안전사고 예방을 위한 실태조사 등)
	제11조(안전사고 예방 등을 위한 현장조사)
	제12조(조사 결과에 따른 조치)
제4장 어린이 안전을 위한 조치의무 등	제13조(어린이이용시설 관리주체 등의 응급조치의무)
	제14조(어린이에 대한 안전조치의무)
	제15조(신고 및 협조 의무 등)
제5장 어린이 안전을 위한 교육	제16조(어린이안전교육)
	제17조(어린이안전 관리담당자)
제6장 벌칙	제18조(과태료)

결과에 따라 '개선권고' 및 '시정명령' 등을 실시할 수 있다.

어린이 이용시설 관리주체 또는 종사자는 해당 시설을 이용하는 어린이가 질병 · 사고 또는 재해 등으로 인하여 응급환자에 해당하게 되는 경우 즉시 응급의료기관 등에 '신고'하고 '이송조치' 및 필요한 '보호조치' 등을 수행해야 한다. 어린이 이용시설 관리주체는 어린이 응급환자의 '판별 방법', 어린이 응급환자의 '이송절차' 등 필요한 조치의 방법 및 절차가 포함된 응급조치 수칙을 자체적으로 수립하여 해당 시설의 종사자가 숙지하도록 해야 한다. 응급조치 수칙은 행정안전부에서 제시한 가이드라인을 참조하여 작성할 수 있다.

어린이 이용시설 관리주체는 종사자에게 응급처치 실습 등을 포함한 어린이안전교육을 의무적으로 실시해야 한다. 이 교육은 전문기관에게 위탁할 수 있으며 응급처치 실습을 2시간 포함한 안전교육을 매년 4시간 이상 실시해야 한다. 전문기관은 인력, 시설, 장비 등을 확보한 교육전문기관이어야 하며 교육 결과에 대해서 지방자치단체 등에 제출 및 보관해야 한다.

어린이제품 안전 특별법

2014년 어린이가 사용하는 장난감, 학용품 등 211개 제품에서 중금속 및 프탈레이트 성분 등이 기준을 초과하여 검출되는 사건이 발생하였다. 어린이가 사용하는 물품 등에 환경호르몬이나 발암물질 등 인체에 유해한 요소가 포함된 경우에는 신체에 대한 위해 사실을 전혀 알지도 못한 채, 해당 물품을 사용하고 그 피해를 고스란히 어린이가 직접 받게 되어 외부 위험으로부터 보호에 취약할 수밖에 없다. 특히, 어린이가 주로 사용하는 공산품 등의 제품은 일반인과 다른 기준 및 제도에 따라 특별한 안전관리가 이루어질 필요가 있었다.

이에 2015년 6월 4일 「어린이제품 안전 특별법」이 시행되어 어린이가 사용하는 제품을 안전하게 보호할 수 있는 근거와 환경을 조성하기 위한 기본적인 사항을 규정함으로써 제품으로 인한 어린이안전사고를 예방하고, 어린이 건강의 유지·증진을 도모한다.

1. 제정 이유

현행법에 따르면 안전확인 대상 어린이 제품의 제조업자 및 수입업자는 어린이제품의 모델별로 안전성에 대한 시험·검사를 받아 안전기준에 적합한 것임을 확인한 후 산업통상자원부장관에게 신고해야 하나, 안전성조사를 통해 안전확인 대상 어린이제품의 위해성이 발견되어 리콜 명령이 이루어졌음에도 불구하고 안전확인 신고 효력상실 등에 관한 근거가 명시되어 있지 않아 안전하지 않은 어린이 제품이 시중에 동일한 신고 번호로 유통될 가능성이 있다.

이에 거짓이나 그 밖의 부정한 방법으로 안전확인 신고를 한 경우, 안전확인 대상 어린이 제품이 안전기준에 적합하지 아니한 경우 등에 대하여 안전확인 신고의 효력상실 처분을 하거나 6개월 이내의 범위에서 안전확인표시의 사용금지 명령 또는 개선명령을 할 수 있는 근거를 마련하고자 하였다.

아울러 민원에 대한 투명하고 신속한 처리와 일선 행정기관의 적극행정을 유도하기 위하여 안전확인 대상 어린이 제품의 안전확인 신고 또는 변경신고가 수리가 필요한 신고임을 명확히 규정하는 한편, 어린이제품 안전 관련 업무의 실효성을 확보하기 위하여 산업통상자원부장관의 권한을 위탁할 수 있는 기관에 한국제품관리원을 추가하고, 시·도지사에게 위임된 권한의 재위임 근거를 마련하려는 것이다.

2. 주요 내용

「어린이제품 안전 특별법」은 어린이는 신체조건이나 인지능력, 행동양식이 성인과 차이가 있기에 위험에 대한 예측과 대처 능력이 부족한 현상을 보이므로, 이 법률에서는 만 13세 이하의 어린이가 사용하는 제품에 대해서 최소한의 안전성을 확보하기 위한 기본적인 사항을 규정하고 있다.

어린이 제품으로는 일반 성인들에게 불편할 정도로 작은 크기라든가 제품 사용의 단순화, 성인용 제품에는 없는 안전 기능이 포함된 제품, 만화 캐릭터나 동물, 벌레, 소형 차량 등 장식이나 그림이 있고 주로 판매하는 장소가 학교 앞의 문구점이라면 어린이 제품으로 해석해 볼 수 있다.

즉, 이러한 제품들에는 안전, 보건, 환경, 품질 등 분야별 인증마크를 국가적으로 단일화한 KC마크(Korea Certification Mark)가 있는지 확인해야 한다. 이 법의 주요 내용으로는 기본계획 수립, 안전성 조사 및 조치, 안전인증, 안전확인, 안전확인, 안전정보 수집 및 관리 등이 있다.

▼ 「어린이제품 안전 특별법」 구성

구분	내용
제1장 총칙	제1조(목적)
	제2조(정의)
	제3조(국가 등의 책무)
	제4조(다른 법률과의 관계)
	제5조(어린이제품안전관리 기본계획)

구분		내용
제2장 어린이제품 안전성 확보	제1절 안전성조사 및 조치	제6조(안전성조사 및 위해성평가 정보의 반영 등)
		제7조(보고와 검사 등)
		제8조(안전성조사 결과 등에 관한 공표)
		제9조(어린이제품의 수거 등의 권고)
		제10조(어린이제품의 수거 등의 명령)
		제11조(권고 등의 해제 신청 등)
		제12조(사업자 보고의무)
		제13조(내부자신고 등)
		제14조(어린이제품사고 관련 자료제출 요청 등)
	제2절 어린이제품 안전인증	제15조(안전인증기관의 지정 등)
		제16조(안전인증기관의 지정 취소 등)
		제17조(안전인증 등)
		제18조(안전인증의 면제)
		제19조(안전인증의 표시 등)
		제20조(판매·사용 등의 금지)
		제21조(안전인증의 취소 등)
	제3절 어린이제품 안전확인	제22조(안전확인 신고 등)
		제23조(안전확인의 표시 등)
		제24조(판매·사용 등의 금지)
		제24조의2(안전확인 신고의 효력상실 처분 등)
	제4절 어린이 제품 공급자 적합성 확인	제25조(공급자적합성확인 등)
		제26조(거짓의 공급자적합성확인 금지 등)

구분		내용
제2장 어린이제품 안전성 확보	제5절 어린이 제품 안전정보 수집 · 관리	제27조(어린이제품 관련 시장감시업무의 수행과 안전정보의 제공요청 등)
		제28조(안전정보의 수집 · 관리)
	제6절 불법 제품 판매제한 등	제29조(사용연령에 따른 판매 제한)
		제30조(중개 및 구매 · 수입대행의 금지)
제3장 올바른 어린이제품 정보제공 등		제31조(안전한 어린이제품에 대한 장려 및 지원)
		제32조(어린이제품 안전친화기업 지정 등)
		제33조(안전친화기업 지정업무 위탁)
제4장 보칙		제34조(판매중지 등의 명령 등)
		제35조(자료제출 요구)
		제36조(비밀유지의 의무 등)
		제37조(권한 · 업무의 위임 및 위탁)
		제38조(벌칙 적용 시의 공무원 의제)
		제39조(수수료)
		제40조(청문)
제5장 벌칙		제41조(벌칙)
		제42조(양벌규정)
		제43조(과태료)

어린이 식생활안전관리 특별법

2007년 체계에서는 어린이 식품안전에 대하여 성인을 기준으로 하고 있어 어린이를 대상으로 식품에 대한 안전성을 확보하는 데 큰 한계가 있었으며 가공식품, 조리식품의 품질뿐만이 아니라 어린이 식생활 전반 과정에 대한 안전관리가 불가능했다. 이에 어린이 식생활 안전관리 정책을 지속적으로 수행하고 관리할 수 있는 제도적 기반을 마련하기 위해 2008년 3월 21일 어린이 식생활 안전관리 특별법이 제정되었으며 2009년 시행되었다.

이 법률에서는 학교로부터의 일정범위 내의 구역을 어린이 식품안전보호구역으로 지정하여 안전하고 위생적인 식품판매 환경을 조성하고 어린이 기호식품 등에 따른 식생활 안전관리 체계를 명시하고 있다.

1. 제정 이유

「어린이 식생활안전관리 특별법」은 학교와 그 주변지역에서 안전하고 위생적인 식품이 유통·판매될 수 있는 환경을 조성하고 어린이들이 즐겨먹는 식품과 단체급식의 안전과 영양수준을 보다 철저히 관리하여 어린이들이 올바른 식생활 습관을 갖도록 함으로써 건강저해 식품이나 식중독, 비만 등으로부터 어린이 건강을 보호하기 위해 제정하였다.

2. 주요 내용

「어린이 식생활안전관리 특별법」의 주요 내용은 어린이 식품안전보호구역, 어린이 기호식품 관리, 식생활 정보제공, 식생활 안전관리체계 구축 등에 대하여 법적으로 명시하고 있다.

어린이에게 안전하고 위생적인 식품판매 환경을 제공하기 위해 학교와 해당 학교의 경계선으로부터 직선거리 200미터 범위 안의 구역을 어린이 식품안전보호구역으로 지정하고 관리하여 어린이 식품안전사고를 예방하고 있다.

식품의약품안전처장은 어린이 기호식품에 대해 고열량/저열량 식품의 영양성분 기준을 정하여 학교 또는 우수판매업소에서의 고열량/저열량 식품과 고카페인 함유 식품 판매를 제한하거나 금지할 수 있으며 해당 식품을 유통하는 업자는 구매를 부추기는 장난감 같은 물건을 무료로 제공하는 등의 광고를 할 수 없다.

어린이에게 단체급식을 제공하는 급식소에 대해 위생 및 영양관리를 지원하기 위하여 어린이급식관리지원센터를 설치하여야 하며 급식소를 운영하는 자는 급식관리지원센터에 등록하여 위생 및 영양관리에 관해 지원, 검사를 받아야 한다.

'어린이식생활종합계획'을 3년마다 수립하여 어린이 식품안전 및 영양관리 등을 확인하고 평가, 개선하고 있다.

▼ 「어린이 식생활안전관리 특별법」 구성

구분	내용
제1장 총칙	제1조(목적)
	제2조(정의)
	제3조(국가 등의 책무)
	제4조(다른 법률과의 관계)
제2장 어린이 식품안전보호구역 지정관리	제5조(어린이 식품안전보호구역 지정)
	제6조(어린이 기호식품 조리 · 판매업소 관리)
	제7조(우수판매업소 지정 등)
제3장 어린이 기호식품 관리 등	제8조(고열량 · 저영양 식품 등의 판매 금지 등)
	제9조(정서저해 식품 등의 판매 금지 등)
	제10조(광고의 제한 · 금지 등)
제4장 올바른 식생활 정보 제공 등	제11조(영양성분 표시)
	제11조의2(알레르기 유발 식품 표시)
	제12조(영양성분의 함량 색상 · 모양 표시)
	제12조의2(고카페인 함유 식품의 색상 표시)
	제13조(어린이 식품안전 · 영양교육 및 홍보 등)
	제14조(품질인증기준 및 표시)
	제15조(품질인증의 신청 및 심사)

구분	내용
제4장 올바른 식생활 정보 제공 등	제16조(품질인증의 유효기간)
	제17조(부정행위의 금지 등)
	제18조(품질인증 취소 및 표시변경 명령 등)
제5장 어린이급식 관리지원센터	제21조(어린이급식관리지원센터 등 설치 · 운영)
	제21조의2(급식소의 등록)
	제21조의3(어린이급식관리지원센터 등에 대한 감 독 · 지도)
	제22조(영양사 고용 등의 특례)
제6장 식생활 안전관리체계 구축	제23조(식생활 안전지수 조사 등)
	제24조(식생활 안전 · 영양수준 평가 등)
	제25조(어린이식생활안전관리위원회)
	제26조(어린이 식생활 안전관리종합계획 수립)
	제26조의2(실태조사 등)
제7장 시정명령 등	제27조(시정명령 등)
	제28조(청문)
제8장 과태료	제29조(과태료)

04
청소년 보호법

급격한 산업화와 도시화, 사회구조의 변화에 따라 청소년의 성장에 미치는 가정과 학교의 영향력은 상대적으로 축소되어 가는 반면, 일반사회환경의 영향력은 급속하게 증대되었다.

특히, 핵가족화 경향에 따른 가족유대 약화, 학력 중심주의로 인한 입시위주 교육풍토, 인성교육의 부재, 건전한 여가시설의 부족 등이 복합적으로 작용하여 많은 청소년들이 유해환경에 빠져들고 있으며, 개인적으로는 청소년의 건강한 인격을 파괴하고 사회적으로 불건전한 퇴폐·향락 문화를 조장하여, 청소년유해환경은 크나큰 사회문제가 되었다. 이에 성장과정에 있는 청소년들이 건강한 인격체로 성장할 수 있도록 정부, 가정, 학교는 물론, 언론·시민단체들의 총체적 참여로 우리 사회에서 유해환경으로부터 청소년을 보호하기 위한 법적·제도적 대책수립이 필요하였다.

1. 제정 이유

「청소년 보호법」은 우리 사회의 자율화와 물질만능주의 경향에 따라 날로 심각해지고 있는 음란·폭력성의 청소년유해매체물과 유해약물 등의 청소년에 대한 유통과 유해한 업소에의 청소년 출입 등을 규제함으로써, 성장과정에 있는 청소년을 각종 유해한 사회환경으로부터 보호·구제하고 나아가 건전한 인격체로 성장할 수 있도록 하기 위해 제정하였다.

2. 주요 내용

「청소년 보호법」의 주요 내용으로는 청소년유해매체물의 결정 및 유통 규제, 청소년의 인터넷게임 중독·과몰입 예방, 청소년유해약물 등, 청소년유해행위 및 청소년유해업소 등의 규제, 청소년 보호 사업의 추진, 청소년보호위원회 등에 대한 사항을 규정하고 있다.

그중 청소년 보호 사업의 추진에는 청소년보호종합대책의 수립에 대한 사항이 있으며 이는 여성가족부장관이 3년마다 관계 중앙행정기관의 장 및 지방자치단체의 장과 협의하여 청소년유해환경으로부터 청소년을 보호하기 위한 종합대책을 수립·시행하고 있다. 여성가족부장관은 종합대책의 추진상황을 매년 점검해야 하고, 이를 위하여 관계 기관 점검회의를 운영할 수 있으며 종합대책 수립 및 점검회의 운영을 위하여 필요한 자료를 관계 기관의 장에게 요청할 수 있다. 이 경우 관계 기관의 장은 정당한 사유가 없으면 이에 따라야 한다. 또한 여성가족부장관은 종합대책의 효과적 수립·시행을 위하여 청소년의 유해환경에 대한 접촉실태 조사를 정기적으로 실시하여야 하고, 관계 중앙행정기관 또는 지방자치단체의 장과 협력하여 청소년유해환경에 대한 종합적인 점검 및 단속 등을 실시할 수 있도록 명시하고 있다.

▼ 「청소년 보호법」 구성

구분	내용
제1장 총칙	제1조(목적)
	제2조(정의)
	제3조(가정의 역할과 책임)
	제4조(사회의 책임)
	제5조(국가와 지방자치단체의 책무)
	제6조(다른 법률과의 관계)
제2장 청소년유해매체물의 결정 및 유통 규제	제7조(청소년유해매체물의 심의 · 결정)
	제8조(등급 구분 등)
	제9조(청소년유해매체물의 심의 기준)
	제10조(심의 결과의 조정)
	제11조(청소년유해매체물의 자율 규제)
	제12조(청소년유해매체물의 재심의)
	제13조(청소년유해표시 의무)
	제14조(포장 의무)
	제15조(표시 · 포장의 훼손 금지)
	제16조(판매 금지 등)
	제17조(구분 · 격리 등)

구분	내용
제2장 청소년유해 매체물의 결정 및 유통 규제	제18조(방송시간 제한)
	제19조(광고선전 제한)
	제20조(청소년유해매체물의 결정 취소)
	제21조(청소년유해매체물 결정 등의 통보 · 고시)
	제22조(외국 매체물에 대한 특례)
	제23조(정보통신망을 통한 청소년유해매체물 제공자 등의 공표)
제3장 청소년의 인터넷게임 중독 · 과몰입 예방	제24조(인터넷게임 이용자의 친권자 등의 동의)
	제25조(인터넷게임 제공자의 고지 의무)
	제27조(인터넷게임 중독 · 과몰입 등의 예방 및 피해 청소년 지원)
제4장 청소년유해 약물 등, 청소년 유해행위 및 청소년 유해업소 등의 규제	제28조(청소년유해약물 등의 판매 · 대여 등의 금지)
	제29조(청소년 고용 금지 및 출입 제한 등)
	제30조(청소년유해행위의 금지)
	제31조(청소년 통행금지 · 제한구역의 지정 등)
	제32조(청소년에 대하여 가지는 채권의 효력 제한)
제5장 청소년 보호 사업의 추진	제33조(청소년보호종합대책의 수립 등)
	제34조(청소년의 유해환경에 대한 대응능력 제고 등)
	제34조의2(환각물질 중독치료 등)
	제35조(청소년 보호 · 재활센터의 설치 · 운영)
제6장 청소년 보호위원회	제36조(청소년보호위원회의 설치)
	제37조(위원회의 구성)
	제38조(위원장의 직무 및 회의)
	제39조(위원의 임기)

구분	내용
제6장 청소년 보호위원회	제40조(위원의 직무상 독립과 신분보장)
	제41조(회의 및 운영)
	제41조의2(유해매체물 심의 분과위원회)
제7장 보칙	제42조(보고 등)
	제43조(검사 및 조사 등)
	제44조(수거·파기)
	제45조(시정명령)
	제46조(처분의 이유 명시)
	제47조(관계 행정기관의 장의 협조)
	제48조(민간단체에 대한 행정적 지원 등)
	제49조(신고)
	제50조(선도·보호조치 대상 청소년의 통보)
	제51조(지방청소년사무소의 설치 등)
	제52조(권한의 위탁)
	제53조(벌칙 적용 시의 공무원 의제)
	제54조(과징금)
제8장 벌칙	제55~61조(벌칙)
	제62조(양벌규정)
	제63조(형의 감경)
	제64조(과태료)

05

아동복지법

1. 제정 이유

아동이 보호자로부터 유실, 유기 또는 이탈되었을 경우, 그 보호자가 아동을 양육하기에 부적당하거나 양육할 수 없는 경우 또는 아동의 건전한 출생을 기할 수 없는 경우에 아동이 건전하고 행복하게 육성되도록 그 복리를 보장하기 위해 「아동복리법」이 1961년 12월 30일에 제정·공포되었다.

그러나 「아동복리법」은 구호적 성격의 복지 제공에 중점을 두고 있어 경제·사회의 발전에 따라 발생한 사회적 복지요구에 부응하지 못하고 있었다. 이에 요보호아동뿐만 아니라 일반아동을 포함한 전체아동의 복지를 보장하고, 특히 유아기에 있어서의 기본적 인격·특성과 능력개발을 조장하기 위한 여건을 조성할 수 있도록 하기 위해 1981년 4월 「아동복지법」으로 전문이 개정되었다.

2. 주요 내용

「아동복지법」은 어린이의 행복한 생활과 인권을 보장하는 것뿐만 아니라 조화롭게 성장하고 발달할 수 있도록 경제, 사회, 정서적 지원을 제공하고자 아동과 해당 보호자 가정을 지원하기 위한 정책을 수립하고, 가정 및 아동복지시설 내 양육지도 지침사항을 비롯한 위법 행동과 이에 따른 형량 등이 명시되어 있다.

주요 내용을 살펴보면 '아동정책기본계획'의 수립, 아동복지시설과 아동용품에 대한 안전기준의 정의, 교육대상 아동의 연령을 고려한 안전 교육계획의 수립과 교육실시 등이 있다.

아동의 범위를 18세 미만인 자로 하고, 모든 국민과 국가 등은 이들 아동을 보호, 양육하고 사회생활에 잘 적응할 수 있도록 육성할 것을 의무화하며, 어른들로 하여금 이러한 정신을 실천할 수 있는 사회분위기 조성과 어린이에 대한 애호정신을 심어주기 위해 매년 5월 5일을 '어린이날'로 하고 있다.

도와 시·구·군에 아동위원을 두어 아동복지에 관한 각종 상담과 지도업무를 담당하고 있다. 구·시·읍·면에는 그 지역유지 등 덕망 있는 인사를 명예직 아동위원으로 위촉하여 이들이 당해지역 내의 아동에 대하여 항상 그들의 생활상태나 가정환경을 상세히 파악하고, 관계행정기관이나 아동복지지도원 등과 상호 협력하여 문제아동의 발생을 사전에 막고 아동의 건전한 활동을 유도할 수 있는 기능을 하도록 하고 있다.

특별시 · 광역시 · 도 · 시 · 군에 아동복지지도원을 두어 다음과 같은 일을 수행한다.

① 보호를 필요로 하는 아동에 대한 적절한 보호조치
② 아동 및 그 가족 또는 관계인에 대한 상담
③ 아동지도에 필요한 가정환경의 조사
④ 아동에 관한 전문적 · 기술적 지도를 필요로 하는 경우의 개별지도 · 집단지도 및 그 알선
⑤ 아동복지시설 또는 보호를 필요로 하는 아동에 대한 조사 · 지도 및 감독
⑥ 아동을 위한 지역사회자원의 활용알선
⑦ 지역사회의 학교 부적응아, 비행 청소년에 대한 예방 · 지도 및 원조
⑧ 기타 아동의 복지증진 및 육성에 관한 업무 등

'아동정책기본계획'은 5년마다 수립되어야 하며 매년 기본계획에 따라 연도별 아동정책시행계획을 수립하여 시행하고 있으며 대통령령으로 정하는 바에 따라 아동복지시설과 아동용품에 대한 안전기준을 정하고 아동용품을 제작/설치/관리하는 자에게 이를 준수하도록 해야 한다고 명시하고 있다. 또한 유치원의 원장 및 초, 중등학교의 장은 교육대상 아동의 연령에 맞는 안전교육계획을 수립하여 실시한다고 명시하고 있다. 특히, 「아동복지법」에는 아동학대에 대한 사항도 명시하고 있다.

▼ 「아동복지법」 구성

구분	내용
제1장 총칙	제1조(목적)
	제2조(기본 이념)
	제3조(정의)

구분	내용
제1장 총칙	제4조(국가와 지방자치단체의 책무)
	제5조(보호자 등의 책무)
	제6조(어린이날 및 어린이주간)
제2장 아동복지정책의 수립 및 시행 등	제7조(아동정책기본계획의 수립)
	제8조(연도별 시행계획의 수립 · 시행 등)
	제9조(계획수립의 협조)
	제10조(아동정책조정위원회)
	제10조의2(아동권리보장원의 설립 및 운영)
	제11조(아동종합실태조사)
	제11조의2(아동정책영향평가)
	제12조(아동복지심의위원회)
	제13조(아동복지전담공무원 등)
	제14조(아동위원)
제3장 아동에 대한 보호서비스 및 아동학대의 예방 및 방지	제1절 아동보호 서비스	제15조(보호조치)
		제15조의2(아동통합정보시스템의 구축 · 운영)
		제15조의3(보호대상아동의 양육상황 점검)
		제15조의4(아동보호 사각지대 발굴 및 실태조사)
		제15조의5(면접교섭 지원)
		제16조(보호대상아동의 퇴소조치 등)
		제16조의2(보호대상아동의 사후관리)
		제16조의3(보호기간의 연장)
		제17조(금지행위)

구분		내용
제3장 아동에 대한 보호서비스 및 아동학대의 예방 및 방지	제1절 아동보호 서비스	제18조(친권상실 선고의 청구 등)
		제19조(아동의 후견인의 선임 청구 등)
		제20조(아동의 후견인 선임)
		제21조(보조인의 선임 등)
	제2절 아동학대의 예방 및 방지	제22조(아동학대의 예방과 방지 의무)
		제22조의2(학생 등에 대한 학대 예방 및 지원 등)
		제22조의3(피해아동 등에 대한 신분조회 등 조치)
		제22조의4(피해아동보호계획의 수립 등)
		제22조의5(아동학대사례전문위원회)
		제23조(아동학대예방의 날)
		제24조(홍보영상의 제작 · 배포 · 송출)
		제26조(아동학대 신고의무자에 대한 교육)
		제26조의2(아동학대 예방교육의 실시)
		제27조의2(아동학대 등의 통보)
		제27조의3(피해아동 응급조치에 대한 거부금지)
		제28조(사후관리 등)
		제28조의2(아동학대정보의 관리 및 제공)
		제29조(피해아동 및 그 가족 등에 대한 지원)
		제29조의2(아동학대행위자에 대한 상담 · 교육 등의 제공)
		제29조의3(아동관련기관의 취업제한 등)

구분		내용
제3장 아동에 대한 보호서비스 및 아동학대의 예방 및 방지	제2절 아동학대의 예방 및 방지	제29조의4(취업제한명령을 선고받은 자에 대한 취업 등의 점검·확인)
		제29조의5(취업자의 해임요구 등)
		제29조의6(아동학대에 대한 법률상담 등)
		제29조의7(아동학대 전담의료기관의 지정)
제4장 아동에 대한 지원서비스	제1절 아동 안전 및 건강지원	제30조(안전기준의 설정)
		제31조(아동의 안전에 대한 교육)
		제32조(아동보호구역에서의 영상정보처리기기 설치 등)
		제33조(아동안전 보호인력의 배치 등)
		제34조(아동긴급보호소 지정 및 운영)
		제35조(건강한 심신의 보존)
		제36조(보건소)
	제2절 취약계층 아동 통합 서비스지원 및 자립지원 등	제37조(취약계층 아동에 대한 통합서비스지원)
		제38조(자립지원)
		제38조의2(자립지원 실태조사)
		제39조(자립지원계획의 수립 등)
		제39조의2(자립지원전담기관의 설치·운영)
		제40조(자립지원 관련 업무의 위탁)
		제41조(아동자립지원추진협의회)
		제42조(자산형성지원사업)
		제43조(자산형성지원사업 관련 업무)
		제44조(자산형성지원사업 관련 업무의 위탁)

구분		내용
제4장 아동에 대한 지원서비스	제3절 방과 후 돌봄서비스 지원	제44조의2(다함께돌봄센터)
제5장 아동복지시설		제45조(아동보호전문기관의 설치 등)
		제46조(아동보호전문기관의 업무)
		제47조(아동보호전문기관의 성과평가 등)
		제48조(가정위탁지원센터의 설치 등)
		제49조(가정위탁지원센터의 업무)
		제50조(아동복지시설의 설치)
		제51조(휴업 · 폐업 등의 신고)
		제52조(아동복지시설의 종류)
		제53조(아동전용시설의 설치)
		제53조의2(학대피해아동쉼터의 지정)
		제54조(아동복지시설의 종사자)
		제54조의2(결격사유)
		제55조(아동복지시설 종사자의 교육훈련)
		제56조(시설의 개선, 사업의 정지, 시설의 폐 쇄 등)
		제57조(아동복지시설의 장의 의무)
		제58조(아동복지단체의 육성)
제6장 보칙		제59조(비용 보조)
		제60조(비용 징수)
		제61조(보조금의 반환명령)
		제62조(국유 · 공유 재산의 대부 등)

구분	내용
제6장 보칙	제63조(면세)
	제64조(압류 금지)
	제65조(비밀 유지 등의 의무)
	제65조의2(연차보고서)
	제66조(조사 등)
	제67조(청문)
	제68조(권한의 위임 · 위탁)
	제69조(유사명칭의 사용금지
	제70조(벌칙 적용에서의 공무원 의제)
제7장 벌칙	제71조(벌칙)
	제72조(상습범)
	제73조(미수범)
	제74조(양벌규정)
	제75조(과태료)

06

학교안전사고 예방 및
보상에 관한 법률

1. 제정 이유

「학교안전사고 예방 및 보상에 관한 법률」은 학교안전사고를 예방하고, 학생·교직원 및 교육활동 참여자가 학교안전사고로 인하여 입은 피해를 신속·적정하게 보상하기 위하여 학교안전사고 보상공제사업을 실시하는 데 필요한 사항을 규정하기 위해 제정하였다.

이 법률에서 공제급여제도를 둔 취지는 교육활동 중 학교시설의 안전미비 또는 교육활동 과정에서 내재하고 있는 여러 위험들을 최대한 예방하고, 만일 교육활동 중 사고가 발생한 경우 법이 정한 보상을 통해 피공제자를 보호하겠다는 개념이다.

2. 주요 내용

이 법의 주요 내용으로는 '학교안전사고 예방에 관한 기본계획'의 수립과 시행, 기본계획을 평가하고 실태조사를 하기 위한 학교안전사고 예방위원회의 구성, 학교안전사고 예방과 학교시설의 안전한 관리에 대한 교육부장관, 교육감 및 학교장의 책임 강조, 각 시·도 교육청에 학교안전사고 예방 및 대책을 담당하는 전담부서의 설치, 학교안전사고 예방활동에 참여하는 비영리민간단체에 대한 예산지원 등이 있다.

그중 '학교안전사고 예방에 관한 기본계획'은 3년마다 수립되며 교육감은 매년 기본계획에 따라 학교안전사고 예방에 관한 지역계획을 수립하고 시행하여야 하며 지역계획은 매년 추진실적을 평가한 다음 교육부장관에게 제출해야 한다. 기본계획의 수립 및 시행에 대한 평가 등을 심의하기 위해 교육부장관 소속으로 학교안전사고 예방위원회를 두어야 한다고 명시되어 있다.

교육부장관, 시·도의 교육감과 학교장은 학교안전사고를 예방하고 학교시설을 안전하게 관리·유지하는 책임을 가지고 있다.

학교장은 학교안전사고 예방을 위해 학생, 교직원 및 교육활동참여자에게 안전교육을 실시하여야 하며 교육감은 시·도 교육청에 학교안전사고 예방 및 대책을 담당하는 전담부서를 설치 및 운영하여야 한다.

그러나 학교안전법상 공제급여제도에 대한 인식 부족으로, 공제급여제도를 보험과 동일시하거나 손해배상의 성격이라 생각하여 공제회를 상대로 피해자의 손해 전부를 배상하라는 식의 청구가 빈번하게 발생하고 있는 실정이다.

따라서 2007년 1월 26일 최초 제정 이후 발생한 사고에 대한 보상에 대한 초점보다는 점차 사고의 예방과 예방교육을 강조하는 방향으로 개정되고 있다.

▼「학교안전사고 예방 및 보상에 관한 법률」구성

구분	내용
제1장 총칙	제1조(목적)
	제2조(정의)
	제3조(국가 또는 지방자치단체의 지원 등)
제2장 학교안전사고 예방	제4조(학교안전사고 예방계획의 수립 · 시행)
	제4조의2(학교안전사고예방위원회 구성)
	제4조의3(실태조사)
	제5조(학교안전사고의 예방에 관한 책무)
	제8조(학교안전교육의 실시)
	제8조의2(학교장의 교육활동 안전대책 점검 · 확인 의무)
	제8조의3(학교안전사고 예방 · 대책 전담부서)
	제9조(명예학교안전요원 위촉)
	제10조(안전조치 및 안전사고관리 지침 등)
	제10조의2(학교안전사고 예방활동 단체에 대한 지원)
	제10조의3(상담 지원 등)
제3장 학교안전사고 보상공제 사업	제11조(학교안전사고보상공제 사업의 실시)
	제12조(학교안전공제의 가입자)
	제13조(학교안전공제에서의 탈퇴)
	제14조(학교안전공제의 피공제자)

구분	내용
제4장 학교안전공제회	제15조(학교안전공제회의 설립 등)
	제16조(명칭)
	제17조(정관)
	제18조(공제회의 사업)
	제19조(공제회의 임원 등)
	제20조(공제회 임원의 임명 등)
	제21조(공제회 임원의 결격사유 등)
	제22조(이사회)
	제23조(공제회 직원의 임면)
	제24조(공제회의 재정)
	제25조(지도 · 감독)
	제26조(유사명칭 사용금지)
	제27조(「민법」의 준용)
제5장 학교안전공제 중앙회	제28조(학교안전공제중앙회의 설립)
	제29조(공제중앙회의 사업)
	제30조(공제중앙회의 임원 등)
	제31조(임원의 선임 및 임기)
	제32조(공제중앙회의 재정)
	제33조(준용규정)
제6장 공제급여	제34조(공제급여의 종류)
	제35조(공제급여액의 결정)
	제36조(요양급여)
	제37조(장해급여)

구분	내용
제6장 공제급여	제38조(간병급여)
	제39조(유족급여)
	제40조(장례비)
	제40조의2(위로금)
	제41조(공제급여의 청구 및 지급 등)
	제42조(학교안전사고의 조사 등)
	제43조(공제급여의 제한)
	제44조(피공제자 등에 대한 공제급여금의 청구 등)
	제45조(다른 보상 · 배상과의 관계)
	제46조(부당이득의 환수)
	제47조(수급권의 보호)
	제48조(비용의 보전)
제7장 공제료	제49조(공제료)
	제50조(공제료의 납부고지)
	제51조(국가 등의 공제료 부담)
제8장 학교안전공제 및 사고예방기금	제52조(기금의 설치 및 조성)
	제53조(기금의 용도)
	제54조(기금의 관리 · 운용)
	제55조(기금의 운용계획)
	제56조(잉여금 · 손실금 · 차입금)
제9장 심사청구 및 재심사청구	제57조(심사청구의 제기)
	제58조(학교안전공제보상심사위원회)
	제59조(심사청구에 대한 심리 · 결정)

구분	내용
제9장 심사청구 및 재심사청구	제60조(결정의 효력)
	제61조(재심사청구의 제기)
	제62조(학교안전공제보상재심사위원회)
	제63조(재심사청구에 대한 심리 · 재결)
	제64조(재결의 효력)
제10장 보칙	제65조(시효)
	제66조(서류의 송달)
	제67조(자료의 제공 요청)
	제68조(진찰요구)
	제69조(비밀의 유지)
제11장 벌칙	제70조(벌칙 적용에서의 공무원 의제)
	제71조(벌칙)
	제72조(과태료)

07
도로교통법

1. 제정 이유

「도로교통법」은 도로에서 발생하는 모든 교통상의 위해를 방지하여 교통의 안전을 확보하기 위해 제정되었다. 이 법에서는 도로에서의 위험을 방지하고 교통의 안전과 원활한 소통을 위하여 신호기 또는 안전표식 등을 설치하는 등 도로에서의 위험을 방지하고 교통의 안전과 원활한 통행을 위하여 보행자 또는 거마 등의 통행을 금지하거나 제한할 수 있도록 하였다. 또한 도로횡단의 안전을 기하기 위하여 도로에 횡단보도를 설치하도록 하였고 자동차 및 궤도거와 원동기장치자전거가 도로를 통행하는 경우에 속도에 대해서도 명시하였다.

2. 주요 내용

「도로교통법」은 모든 계층에 대한 내용을 언급하고 있으나 어린이, 노약자 등 교통약자에 대한 내용도 언급하고 있다. 제11조 어린이 등에 대한 보호를 살펴보면 어린이의 보호자는 교통이 빈번한 도로에서 어린이를 놀게 하여서는 아니 되며, 영유아*의 보호자는 교통이 빈번한 도로에서 영유아가 혼자 보행하게 해서는 안 된다고 명시하고 있고 어린이의 보호자는 도로에서 어린이가 자전거를 타거나 위험성이 큰 움직이는 놀이기구를 타는 경우에 어린이의 안전을 위하여 인명보호 장구를 착용해야 한다고 명시하고 있다. 또한 어린이의 보호자는 도로에서 어린이가 개인형 이동장치를 운전하게 해서는 안 된다고 명시하고 있다.

교통이 빈번한 도로에서 놀고 있는 어린이, 보호자 없이 도로를 보행하는 영유아 등을 발견한 경우 경찰공무원은 그들의 안전을 위하여 적절한 조치를 해야 한다고 명시하고 있다. 그리고 만 13세 미만 어린이시설 주변도로 중 일정구간을 보호구역으로 지정하여 어린이들의 안전한 통학공간을 확보하고 교통사고를 예방하기 위한 어린이보호 조치사항 등을 규정하고 있으며 2021년 5월 11일부터 어린이보호구역 내 주·정차를 위반하게 되면 범칙금 및 과태료를 일반 도로 기준의 3배 부과하게 하였다. 현재는 어린이보호구역에서 불법 주·정차 및 과태료와 범칙금이 기존 일반 도로 대비 2배가 나오는 실정으로 기존보다 좀 더 강화된 3배로 상향되었다.

경찰청 통계에 따르면 2020년 기준 최근 5년 동안 데이터를 통하

---

* 6세 미만인 사람

여 어린이보호구역에서 일어난 교통사고를 분석해 보면 안전운전 의무 불이행이 전체 사고의 약 23% 정도를 차지한다고 하였다. 그중 39.6%는 주정차 위반 차량으로 인한 주행 차량의 시야 가림이 가장 큰 원인으로 나타났다. 이에 2020년 「어린이보호구역 교통안전 강화 대책」을 마련하여 어린이보호구역에 현존 장비 이외에 총 8,227개의 무인교통단속장비 및 신호등을 단계적으로 모든 어린이보호구역에 설치하고 있다.

▼ 「도로교통법」 구성

구분	내용
제1장 총칙	제1조(목적)
	제2조(정의)
	제3조(신호기 등의 설치 및 관리)
	제4조(교통안전시설의 종류 및 설치 · 관리기준 등)
	제4조의2(무인 교통단속용 장비의 설치 및 관리)
	제5조(신호 또는 지시에 따를 의무)
	제5조의2(모범운전자연합회)
	제5조의3(모범운전자에 대한 지원 등)
	제6조(통행의 금지 및 제한)
	제7조(교통 혼잡을 완화시키기 위한 조치)
	제7조의2(고령운전자 표지)
제2장 보행자의 통행방법	제8조(보행자의 통행)
	제9조(행렬 등의 통행)
	제10조(도로의 횡단)
	제11조(어린이 등에 대한 보호)

구분	내용
제2장 보행자의 통행방법	제12조(어린이보호구역의 지정 및 관리)
	제12조의2(노인 및 장애인 보호구역의 지정 및 관리)
	제12조의3(보호구역통합관리시스템 구축 · 운영 등)
제3장 차마 및 노면전차의 통행방법 등	제13조(차마의 통행)
	제13조의2(자전거 등의 통행방법의 특례)
	제14조(차로의 설치 등)
	제15조(전용차로의 설치)
	제15조의2(자전거횡단도의 설치 등)
	제16조(노면전차 전용로의 설치 등)
	제17조(자동차 등과 노면선자의 속도)
	제18조(횡단 등의 금지)
	제19조(안전거리 확보 등)
	제20조(진로 양보의 의무)
	제21조(앞지르기 방법 등)
	제22조(앞지르기 금지의 시기 및 장소)
	제23조(끼어들기의 금지)
	제24조(철길 건널목의 통과)
	제25조(교차로 통행방법)
	제25조의2(회전교차로 통행방법)
	제26조(교통정리가 없는 교차로에서의 양보운전)
	제27조(보행자의 보호)
	제28조(보행자전용도로의 설치)
	제28조의2(보행자우선도로)
	제29조(긴급자동차의 우선 통행)

구분	내용
제3장 차마 및 노면전차의 통행방법 등	제30조(긴급자동차에 대한 특례)
	제31조(서행 또는 일시정지할 장소)
	제32조(정차 및 주차의 금지)
	제33조(주차금지의 장소)
	제34조(정차 또는 주차의 방법 및 시간의 제한)
	제34조의2(정차 또는 주차를 금지하는 장소의 특례)
	제34조의3(경사진 곳에서의 정차 또는 주차의 방법)
	제35조(주차위반에 대한 조치)
	제36조(차의 견인 및 보관업무 등의 대행)
	제37조(차와 노면전차의 등화)
	제38조(차의 신호)
	제39조(승차 또는 적재의 방법과 제한)
	제40조(정비불량차의 운전 금지)
	제41조(정비불량차의 점검)
	제42조(유사 표지의 제한 및 운행금지)
제4장 운전자 및 고용주 등의 의무	제43조(무면허운전 등의 금지)
	제44조(술에 취한 상태에서의 운전 금지)
	제45조(과로한 때 등의 운전 금지)
	제46조(공동 위험행위의 금지)
	제46조의2(교통단속용 장비의 기능방해 금지)
	제46조의3(난폭운전 금지)
	제47조(위험방지를 위한 조치)
	제48조(안전운전 및 친환경 경제운전의 의무)
	제49조(모든 운전자의 준수사항 등)

구분	내용
제4장 운전자 및 고용주 등의 의무	제50조(특정 운전자의 준수사항)
	제50조의2(자율주행자동차 운전자의 준수사항 등)
	제51조(어린이통학버스의 특별보호)
	제52조(어린이통학버스의 신고 등)
	제53조(어린이통학버스 운전자 및 운영자 등의 의무)
	제53조의3(어린이통학버스 운영자 등에 대한 안전교육)
	제53조의4(어린이통학버스의 위반 정보 등 제공)
	제53조의5(보호자가 동승하지 아니한 어린이통학버스 운전자의 의무)
	제54조(사고발생 시의 조치)
	제55조(사고발생 시 조치에 대한 방해의 금지)
	제56조(고용주 등의 의무)
제5~6장 생략	제57조(통칙)
	⋮
	제72조(도로의 지상 인공구조물 등에 대한 위험방지 조치)
제7장 교통안전교육	제73조(교통안전교육)
	제74조(교통안전교육기관의 지정 등)
	제75조(교통안전교육기관의 운영책임자)
	제76조(교통안전교육강사의 자격기준 등)
	제77조(교통안전교육의 수강 확인 등)
	제78조(교통안전교육기관 운영의 정지 또는 폐지의 신고)
	제79조(교통안전교육기관의 지정취소 등)

구분	내용
제8~14장 생략	제80조(운전면허)
	⋮
	제166조(직권 남용의 금지)

08

어린이놀이시설 안전관리법

1. 제정 이유

「어린이놀이시설 안전관리법」은 어린이놀이시설에 대한 안전검사 업무의 공정성을 강화하기 위하여 어린이놀이시설에 대한 안전점검 또는 유지관리를 업무로 하는 법인 또는 단체는 어린이놀이시설에 대한 설치검사 · 정기시설검사 또는 안전진단을 행하는 기관으로 지정될 수 없도록 하고, 어린이놀이시설 이용자의 안전을 강화하기 위하여 어린이놀이시설에서 제한되는 행위를 정하는 한편, 단일한 금액으로 설정되어 있던 과태료의 상한을 위반행위의 내용 등에 따라 구분하여 정하는 등 현행 제도의 운영상 나타난 일부 미비점을 개선 · 보완하기 위해 제정하였다.

2. 주요 내용

「어린이놀이시설 안전관리법」은 어린이놀이시설의 안전성을 확보하기 위해 검사 및 안전진단을 행하는 안전검사기관을 지정하여 어린이놀이시설을 설치하게 하고, 지속적인 안전관리 및 안전시스템이 구축될 수 있도록 운영규정 및 안전교육 이수의무 등을 명시하고 있다.

이 법의 주요 내용은 관리주체의 유지관리의무, 안전검사 기관지정 및 어린이놀이시설 설치, 안전점검, 안전관리 및 지원, 안전관리시스템 구축 및 운영, 안전교육 등이 있다.

관리주체는 어린이놀이시설의 기능 및 안전성이 지속적으로 유지되도록 어린이놀이시설에 대한 유지관리를 실시해야 하고 이 법의 규정에 없는 경우에는 해당 어린이놀이시설이 설치된 장소별 소관 중앙행정기관의 장이 정하는 바에 따라 유지관리를 실시해야 한다고 명시하고 있다.

관리주체는 설치된 어린이놀이시설의 기능 및 안전성 유지를 위하여 주기, 방법, 절차 등에 따라 어린이놀이시설에 대한 안전점검을 실시해야 하고 관리주체가 해당 어린이놀이시설에 대하여 안전점검을 실시할 수 없는 경우에는 서면계약에 의한 대리인을 지정하여 안전점검을 하게 할 수 있다. 또한 관리주체는 안전점검 결과 해당 어린이놀이시설이 어린이에게 위해를 가할 우려가 있다고 판단되는 경우에는 그 이용을 금지하고 1개월 이내에 안전검사기관에 안전진단을 신청해야 한다. 다만, 해당 어린이놀이시설을 철거하는 경우에는 안전진단 신청을 생략할 수 있다.

행정안전부장관은 어린이놀이시설과 관련된 정보를 종합적으로 관리하고 이를 어린이놀이시설의 이용자에게 제공하기 위하여 어린이놀이시설 안전관리시스템을 구축·운영해야 한다고 명시하고 있다. 이 시스템에는 '어린이놀이시설의 설치현황에 관한 정보', '어린이놀이시설의 설치검사 및 정기시설검사에 관한 정보', '어린이놀이시설 안전관리자의 교육이수에 관한 정보', '어린이놀이시설의 보험가입에 관한 정보', '어린이놀이시설의 이용금지·폐쇄 및 철거에 관한 정보' 등에 대한 정보가 포함되어야 한다. 행정안전부장관은 관리감독기관의 장 및 안전검사기관의 장 등에게 어린이놀이시설 안전관리시스템의 구축·운영에 필요한 안전정보 등의 자료를 제출 또는 등록하도록 요청할 수 있다.

관리주체는 어린이놀이시설의 안전관리에 관련된 업무를 담당하는 사람인 '안전관리자'를 대상으로 어린이놀이시설 안전관리지원기관에서 실시하는 어린이놀이시설의 안전관리에 관한 교육을 받아야 한다. 관리주체는 안전관리자를 신규 또는 변경 배치한 경우 안전관리자의 인적사항을 포함한 자료를 배치한 날부터 15일 이내에 어린이놀이시설 안전관리시스템 등을 통해 관리감독기관의 장에게 통보해야 하며, 관리감독기관의 장은 통보받은 즉시 해당 안전관리자에게 안전교육 이수의무에 대해 고지해야 한다. 이 경우에는 관리주체가 안전관리자로서 역할을 병행하는 경우에는 관리주체를 안전관리자로 볼 수 있다.

▼ 「어린이놀이시설 안전관리법」 구성

구분	내용
장 구분 없음	제1조(목적)
	제2조(정의)
	제2조의2(국가 및 지방자치단체의 책무)

구분	내용
장 구분 없음	제3조(다른 법률과의 관계)
	제4조(안전검사기관의 지정 등)
	제5조(안전검사기관의 지정취소 등)
	제11조(어린이놀이시설의 설치)
	제11조의2(어린이놀이시설의 신고)
	제12조(어린이놀이시설의 설치검사 등)
	제13조(검사 불합격 시설 등의 이용금지 및 개선)
	제14조(관리주체의 유지관리의무)
	제15조(안전점검 실시)
	제15조의2(물놀이형 어린이놀이시설의 안전관리)
	제16조(안전진단의 실시)
	제16조의2(어린이놀이시설에 대한 지원)
	제17조(점검결과 등의 기록 · 보관)
	제17조의2(어린이놀이시설의 지도 · 감독 등)
	제17조의3(어린이놀이시설에서의 행위제한)
	제18조(어린이놀이시설 안전관리 사업의 지원)
	제19조(어린이놀이시설의 종합관리를 위한 협력 등)
	제19조의2(어린이놀이시설 안전관리시스템 구축 및 운영)
	제20조(안전교육)
	제21조(보험가입)
	제22조(사고보고의무 및 사고조사)
	제22조의2(사고기록대장의 작성 · 배부 등)
	제23조(보고 · 검사 등)

구분	내용
장 구분 없음	제24조(청문)
	제26조(벌칙 적용에서의 공무원 의제)
	제27조(중앙행정기관의 장과의 협의)
	제28~29조(벌칙)
	제30조(양벌규정)
	제31조(과태료)

Memo

우리나라
어린이와 청소년의
안전정책

01

어린이안전종합대책

어린이안전종합대책은 2003년 참여정부에서 '어린이안전 원년' 선포 이래 처음으로 수립되었고, 정부에서 2013년, 2016년 2차례, 2018년 1차례 수립 등 총 4차례 수립되었다.

어린이안전종합대책은 시기별 특성을 반영하여 전략 및 목표를 설정하고 있다. '1차 종합대책'은 어린이안전 원년 선포와 함께 어린이안전사고 사망자 수의 대규모 감축을 목표로 하고 있으며 '2차 종합대책'은 어린이의 연령별·활동공간별 안전사고 유형을 분석하여 유형별 안전관리대책을 마련하였다. '3차 종합대책'은 어린이안전사고 사망자 수를 선진국 수준으로 감축하는 것을 목표로 하였으며, '4차 종합대책'은 추진 분야 중 어린이 소비제품 분야 강화 등을 체계적으로 정리하였다.

과거에 추진되었던 어린이안전종합대책은 대책별로 다소 차이가 있으나, 큰 주제로 분류하면 교통안전, 제품안전, 식품안전, 생활공간, 안전교육 5개 분야로 나뉘어진다.

1차 종합대책은 어린이안전 원년 선포와 함께 어린이안전사고 사망자 수를 대규모로 감축하여 OECD 하위권에서 중위권으로 진입하는 것을 목표로 하여 어린이안전사고 사망률을 감소시켰으며, 2차 종합대책은 어린이의 연령별·활동공간별 안전사고 유형을 분석하여 어린이활동공간, 키즈카페 등 신종 놀이공간에 대한 유형별 안전관리 대책을 마련한 점에서 의미가 있다. 3차 종합대책은 어린이안전사고 사망자 수를 선진국 수준으로 감축하는 것을 목표로 하여 어린이 교통안전사고 사망자 수를 감소시켰고, 4차 종합대책은 추진 분야를 체계적으로 정리하여 미흡한 추진과제에 대한 독려를 통해 과제 이행률을 증가시켰다. 또한, 어린이안전을 위협하는 새로운 위해요소에 대한 대책을 마련하여 어린이가 건강하게 자라나는 안전사회 구현을 목표로 하였다.

그 밖에, 1·2차 종합대책에서는 아동학대, 폭력(성폭력, 학교폭력) 그리고 미아 찾기 등이 주요 분야로 포함되었으나 3·4차에서는 제외되었으며, 1차와 3차에서는 어린이안전대책 추진체계와 평가가 주요 분야로 포함되었는데, 3차의 경우 지방자치단체별 어린이안전 수준을 평가하여 지역 특성에 맞는 평가와 어린이안전계획 수립을 구현하기 위해 노력하였다. 그리고 2·4차에서는 어린이 제품의 환경유해인자에 대한 안전관리 강화를 통해 어린이제품 안전도 향상에 기여하였다.

특히, 2016년에 수립된 어린이안전종합대책을 살펴보면 '어린이안전사고 사망자 10만 명당 1명대 진입' 목표와 4개의 추진전략을 바탕으로 4개 분야 10대 과제를 도출하여 추진하고자 하였다.

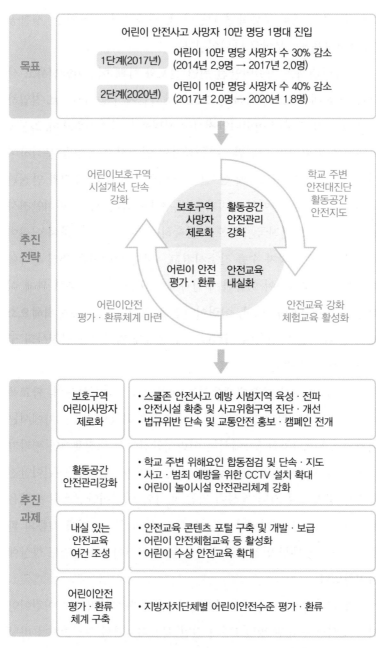

목표	어린이 안전사고 사망자 10만 명당 1명대 진입	
	1단계(2017년)	어린이 10만 명당 사망자 수 30% 감소 (2014년 2.9명 → 2017년 2.0명)
	2단계(2020년)	어린이 10만 명당 사망자 수 40% 감소 (2017년 2.0명 → 2020년 1.8명)

추진
전략

어린이보호구역
시설개선, 단속
강화

학교 주변
안전대진단
활동공간
안전지도

보호구역
사망자
제로화

활동공간
안전관리
강화

어린이 안전
평가 · 환류

안전교육
내실화

어린이안전
평가 · 환류체계 마련

안전교육 강화
체험교육 활성화

추진 과제	보호구역 어린이사망자 제로화	• 스쿨존 안전사고 예방 시범지역 육성 · 전파 • 안전시설 확충 및 사고위험구역 진단 · 개선 • 법규위반 단속 및 교통안전 홍보 · 캠페인 전개
	활동공간 안전관리강화	• 학교 주변 위해요인 합동점검 및 단속 · 지도 • 사고 · 범죄 예방을 위한 CCTV 설치 확대 • 어린이 놀이시설 안전관리체계 강화
	내실 있는 안전교육 여건 조성	• 안전교육 콘텐츠 포털 구축 및 개발 · 보급 • 어린이 안전체험교육 등 활성화 • 어린이 수상 안전교육 확대
	어린이안전 평가 · 환류 체계 구축	• 지방자치단체별 어린이안전수준 평가 · 환류

‖ 2016년 어린이안전종합대책 비전 및 추진전략 1 ‖

▼ 2016년 어린이안전종합대책 주요 내용 2

구분	주요 추진 내용
어린이보호구역 '사망자 제로화' 추진	• 스쿨존 안전사고 예방 시범지역 육성 · 전파 • 안전시설 확충 및 사고위험구역 진단 · 개선 • 법규위반 단속 및 교통안전 홍보 · 캠페인 전개 • 어린이 보호장구(카시트) 착용 확대
어린이활동공간 안전관리 강화	• 학교 주변 위해요소 합동점검 · 개선 • 사고 · 범죄 예방을 위한 CCTV 설치 확대 • 어린이놀이시설 안전관리체계 강화 • 가정 어린이안전 체크리스트 개발 등 • 어린이활동공간 환경안전 진단 · 인증 • 어린이 급식 등 안전 식생활 확보
내실 있는 어린이 안전교육 여건 조성	• 유치원 · 초 · 중학교 정규 안전교육 강화 • 어린이안전체험교육 활성화 • 어린이 수상안전교육 확대
어린이안전 평가 · 환류체계 구축	지방자치단체별 어린이안전수준 평가 · 환류

02

청소년보호종합대책

청소년보호종합대책은 「청소년 보호법」 제33조에 따라 여성가족부장관이 3년마다 중앙행정기관의 장 및 지방자치단체의 장과 협의하여 청소년 유해환경으로부터 청소년을 보호하기 위한 종합대책을 수립·시행하고, 그 추진상황을 매년 점검하고 있다. 이 대책은 1999년 인천 호프집에서 발생한 화재 사건을 계기로 대통령 지시하에 청소년보호특별대책을 수립하였으며 이전에는 '청소년보호특별대책'과 '청소년성매매방지대책'이 개별로 수립되었으나 이를 2003년 6월 청소년 보호종합대책으로 통합하여 수립하였다.

2013년에 수립된 제1차 청소년보호종합대책 이후 2021년에 제3차 청소년보호종합대책까지 수립되었다. 제3차 대책에서는 '청소년이 건강하고 안전한 대한민국 실현'이라는 비전을 기준으로 청소년의 유해환경을 개선하고 자율적인 대응역량을 강화하는 것을 주요 목표로

비전	청소년이 건강하고 안전한 대한민국 실현
목표	청소년 유해환경 개선 및 자율적 대응역량 강화

정책영역	전략과제	중점과제(28개)
매체물	매체이용 환경개선 및 청소년의 건전한 활용능력 함양	· 신 · 변종 불법 · 유해매체 효과적 차단을 위한 제도 개선 · 매체물 유통 사업자 자율조치 활성화 및 모니터링 강화 · 청소년 맞춤형 미디어 이용역량 강화 교육 · 프로그램 운영 · 건강한 이용 습관 형성 및 지도자 역량 강화 지원 · 인터넷 · 스마트폰 과의존 피해 회복지원 및 사후관리 강화 · 사이버 도박 중독 청소년 발굴 · 치유 지원 강화
유해약물	유해약물 접촉 차단에 대한 성인의 책무성 및 광고관리 강화	· 신 · 변종 유해약물에 대한 대응 체계 마련 · 유해약물 판매에 대한 모니터링 및 계도 · 단속 강화 · 유해약물 예방교육 확대 · 강화 · 유해약물 예방 대국민 캠페인 강화 · 청소년의 유해약물 피해 치료지원 연계 강화 · 공공 · 민간 치료재활 전문기관 활성화 및 기능 강화
유해업소	유해업소 모니터링 강화 및 자율적 청소년 보호 활성화	· 신 · 변종 유해업소에 대한 대응 및 점검 강화 · 교육환경보호구역 정비 및 주요 생활지역 단속강화 · 청소년출입금지 · 제한업소의 청소년보호 활성화 · 민 · 관 협력을 통한 모니터링 및 신고의식 제고
유해행위	청소년 폭력 피해 예방 및 회복지원 강화	· 폭력 · 범죄 · 자살 피해 대응 체계 강화 · 아동 · 청소년 대상 성범죄 방지 및 단속 강화 · 폭력 및 자살예방 교육 · 프로그램 확대 · 가해 · 피해 학생 대상 재발 방지 프로그램 강화 · 폭력피해자 조기발견 및 대응 강화 · 폭력 피해 회복 지원 및 2차 피해방지
근로보호	청소년의 노동 인권 의식제고 및 연계 지원 강화	· 근로청소년 권익보호 관련 법 · 제도 정비 · 청소년 근로사업장 지도감독 강화 · 청소년 및 고용 사업자 대상 교육 및 인식제고 · 청소년 근로보호에 관한 정보 제공 강화 · 부당행위 피해 청소년 원스톱 해결 및 종합 서비스 연계지원 · 청소년 권익 침해 등에 대한 보호기능 강화

추진 체계
· 청소년 스스로 대응역량 함양 지원 강화 · 민관 파트너십과 사업자 자율조치 활성화 · 미디어 매개 환경 중심의 통합적 접근

‖ 제3차 청소년보호종합대책 비전 및 추진전략 3 ‖

세웠다. 또한 이 대책의 주요 추진전략은 모니터링 및 제도 정비로 유해환경 노출 차단, 예방교육/캠페인 확대로 청소년의 대응능력 제고, 피해 청소년의 체계적 발굴 및 구제 서비스 강화가 있다.

디지털 시대에 청소년에게 새로운 위협이 될 유해매체로부터 청소년을 보호하기 위해 신·변종 유해매체에 대한 모니터링을 강화하고 유해매체물 제작, 유통(배포), 판매자에 대한 관리를 강화하였으며 폭력 가해자·피해자와 그 보호자를 대상으로 진행하는 상담 및 폭력 방지 교육 또한 강화하고 폭력피해자가 빠르게 일상으로 복귀할 수 있도록 피해회복 및 일상생활 지원도 강화하고 있다. 생애주기별 유해정보·매체 대응 역량 증진 교육을 체계화하여 실시하였으며 인터넷·스마트폰 과다사용에 대한 치유 기회를 확대하고 사후관리 체계를 강화하였다.

어린이의 유해물질에 대한 접촉차단을 위한 성인의 책무성 및 광고관리 강화 방안도 제시하고 있으며 어린이보호구역을 금연구역으로 지정하고, 어린이집, 유치원 등과 같은 어린이 교육시설 주변으로 10m의 금연구역을 선정하고 있다. 편의점, 노점 등 청소년이 접촉가능한 판매지점을 대상으로 담배제품 진열 및 광고행위를 금지하는 방안을 검토하는 한편 청소년의 유해약물 노출을 최소화하기 위해 광고 제한을 강화하는 방안을 수립하고 있다. 성인의 책무성 관리 방안 외 아동·청소년을 대상으로 한 유해약물 예방교육을 통해 아동·청소년의 유해약물로 인한 사고를 방지하고 유해약물에 대한 경각심을 가지도록 하였으며 대국민 캠페인 강화를 통해 청소년을 대상으로 한 유해약물 인식을 제고하는 계획을 수립하였다.

청소년의 근로환경 개선에도 초점을 두어 「근로기준법」 위반 사업장 대상 근로 감독 및 처벌 강화, 근로 권익 보호에 대한 정보 제공,

근로권익 침해에 대한 신고센터 기능 강화, 부당행위 피해 청소년을
대상으로 한 원스톱 지원체계를 마련하였으며 청소년 일자리 제공
정책도 실시하였다.

▼ 청소년보호종합대책 주요 추진과제 4

구분		주요 추진 내용
모니터링 및 제도 정비로 유해 환경 노출 차단	매체물	• 신 · 변종 유해매체 모니터링 확대 • 유해매체물 제작 · 유통(배포) · 판매자에 대한 관리 강화
	유해약물	• 유해약물 신규 유통판매 경로(인터넷 직거래 등)에 대한 대응체계 마련 • 유해약물 사업관련자, 판매업소에 대한 모니터링 및 계도 · 단속 강화
	유해업소	• 유해업소, 신 · 변종 유해업소 모니터링 및 계도 · 단속 강화 • 학교환경위생정화구역 정비
	유해행위	• 유해행위 · 친족에 의한 폭력 피해에 대한 법적 대응체계 강화 • 스마트폰 채팅앱 등 신종경로를 통한 성매매 · 성폭력 단속 · 적발 강화
	근로보호	• 근로보호 · 근로기준법 위반 사업장 대상 근로감독 및 처벌 강화 • 청소년고용업소의 자율적 근로권익보호 활성화
예방 교육 · 캠페인 확대로 청소년의 대응능력 제고	매체물	• 생애주기별 유해정보 · 매체 대응 역량 증진 교육 체계화 • 매체이용 윤리교육 및 자치활동 활성화
	유해약물	• 유해약물 · 유해약물의 청소년 대상 노출 및 확산 차단 • 유해약물 예방교육 확대 강화

구분		주요 추진 내용
예방 교육 · 캠페인 확대로 청소년의 대응능력 제고	유해업소	• 유해업소 · 청소년출입금지업소의 자율규제 활성화 • 중앙 · 지방자치단체 · 경찰 등 관계기관 및 민간과의 연계 · 협력 강화
	유해행위	• 유해행위 · 폭력 예방 교육내용 · 방법의 질적 제고 • 폭력가해 · 피해청소년과 그 부모(보호자) 대상 상담 및 교육 강화
	근로보호	• 근로보호 · 근로권익 및 직업윤리에 대한 교육 확대, 교육방식의 질적 제고 • 근로권익 보호에 관한 정보제공 강화
피해 청소년 체계적 발굴 및 구제 서비스 강화	매체물	• 인터넷 · 스마트폰 과다사용 치유 기회 확대 및 사후관리 강화 • 사이버도박 등 중독 청소년 발굴 · 치유 지원체계 강화
	유해약물	• 유해약물 · 청소년의 유해약물 중독진단 및 치료지원 연계 강화 • 공공 · 민간 전문기관의 유해약물 치료재활 기능 및 역할 확대
	유해행위	• 유해행위 · 폭력피해자 조기발견 및 대응 강화 • 폭력피해자 피해회복 및 일상생활 복귀 지원 강화
	근로보호	• 근로보호 · 부당행위 피해 청소년 원스톱 지원 및 청소년 일자리 제공 • 근로권익 침해에 대한 신고센터 기능 강화

03

어린이안전종합계획

「어린이안전관리에 관한 법률」 제7조를 살펴보면 행정안전부장관은 5년마다 어린이안전종합계획을 수립하고, 「재난 및 안전관리 기본법」 제9조에 따른 중앙안전관리위원회의 심의를 거쳐 이를 확정하며 수립된 어린이안전종합계획을 변경할 때에도 또한 같다고 명시되어 있다.

어린이안전종합계획에는 어린이안전 확보를 위한 기본목표와 추진방향, 관계 부처별 주요 추진과제와 추진방법, 관련 기초조사 및 연구계획, 필요한 재원의 규모와 조달방안, 어린이안전에 관한 기반조성, 제도개선 및 평가에 관한 사항, 그 밖에 어린이안전의 확보 및 관리를 위하여 필요한 사항 등을 포함하여 수립해야 한다.

이를 바탕으로 「어린이안전관리에 관한 법률」 제8조를 살펴보면 어린이안전 시행계획은 관계 중앙행정기관의 장 및 지방자치단체의 장

구분	어린이안전종합계획	어린이안전시행계획
작성주기	매 5년 최초 2021년 작성 예정	매년
수립주체	행정안전부장관	관계 중앙행정기관의 장 지방자치단체의 장
심의 · 보고	중앙안전관리위원회 보고	행정안전부장관 종합 → 국회(상임위) 보고
주요 내용	• 기본목표 · 추진방향 • 부처별 추진과제 · 재원 • 관련 기초조사 및 연구 등	
기타	• 종합계획 및 시행계획 수립지침 통보(행정안전부장관 → 중앙 · 지방자치단체) • 계획 수립을 위해 전문가 용역 등 가능	

이 어린이안전종합계획에 따라 매년 어린이안전 시행계획을 수립 및 시행한다고 명시하고 있다.

관계 중앙행정기관의 장 및 지방자치단체의 장은 시행계획 및 전년도 시행 결과를 행정안전부장관에게 제출해야 하고 행정안전부장관은 이를 종합하여 국회 소관 상임위원회에 보고해야 한다.

행정안전부장관이 제출받은 어린이안전 시행계획에 보완이 필요하다고 인정할 경우 해당 중앙행정기관의 장 또는 지방자치단체의 장에게 보완을 요청할 수 있으며 이 경우 해당 중앙행정기관의 장 또는 지방자치단체의 장은 정당한 사유가 없으면 시행계획을 보완하여 제출해야 한다고 명시되어 있다.

2022년 8월 12일 어린이안전을 최우선으로 하는 생활환경 개선 및 사회문화를 조성하기 위하여 제1차 '어린이안전종합계획'(2022~2026)을 확정 및 발표하였다. 주요 내용은 어린이안전을 위한 교통안전, 식품안전, 제품안전, 환경안전, 어린이 이용시설안전, 안전교육 6대 역점 분야로 구성되어 있다.

먼저, 교통안전분야는 '어린이 교통사고 사망자 제로화'를 목표로 어린이보호구역 안전관리, 안전한 통학로 확보 등의 전략을 마련하고 이를 수행하기 위해 어린이보호구역 정비 표준모델 확산, 도로·교통 안전시설물 설치기준 준수 및 적정성 여부 검증 체계 도입, 보·차도 미분리 도로 보행자 우선도로 지정, 보행로 설치 곤란 장소에 일방통행 지정, 교내 안전한 보행로 마련 등의 세부추진계획을 마련하였다.

제품안전분야는 '빈틈없는 어린이제품 안전관리'를 목표로 안전기준 정보 제공, 제품 관리 인프라 조성 등의 전략을 수립하였으며 안전사고 분석 및 위해요소 평가 등을 통한 화학적·물리적 안전기준 정비, 어린이·성인 공용제품 등 안전 사각지대 해소, 수입·통관단계 어린이제품 점검(모니터링), 위해상품 차단을 위한 상품분류기준 (GPC)* 적용, 어린이제품 시험인증 인프라 확충 등의 세부추진계획을 마련하였다.

식품안전분야는 '믿고 먹을 수 있는 어린이 식품안전관리'를 목표로 식생활 안전관리, 스마트한 급식관리 등의 전략을 마련하고 알레르기 유발식품 안전정보 제공, 고카페인 음료 과잉섭취 예방활동 실시, 수입식품 기준 적합성 관리, 식재료 보관·조리·배식 등 급식관리 전반 업무 지능정보화, 식중독 조기경보시스템** 연계 급식소 확대 등의 세부추진계획을 마련하였다.

환경안전분야는 '어린이 환경유해인자 노출 최소화'를 목표로 하며

---

* GPC(Global Product Classification) : 제품 식별을 위한 글로벌 표준(아마존, 이베이 등에서 사용)

** 집단급식소 정보 및 식재료 납품 정보 연계로 동일 식재료 납품시설에 식중독 발생주의 경보 발송

환경유해인자 안전관리, 활동공간 안전관리 등의 전략을 바탕으로 어린이용품의 환경유해인자 위해성 평가, 살균제 등 생활밀접형 살생물 물질·제품 사전승인제도 단계적 도입, 어린이활동공간 마감재료 등에 함유된 중금속(납)·프탈레이트류 가소제(7종) 검출기준 개정*에 따른 실효적 적용, 실내 공기질 진단 컨설팅 확대 등의 세부추진계획을 마련하였다.

어린이이용시설 안전관리분야는 '원칙을 지키는 어린이이용시설 안전관리'로 학교안전관리 통합시스템 구축, 안전교육제도 정착 등의 전략을 바탕으로 학교계획 수립·평가 프로그램과 학교안전 관련 각종 시스템을 통합한 학교안전지원시스템 구축·운영, 학교·학원·보육시설·복지시설·체육시설·유원시설 등 어린이이용시설 종사자 대상 응급처치교육제도** 정착 등의 세부추진계획을 수립하였다.

마지막으로 안전교육분야는 '국민 모두 함께하는 어린이안전문화 정착'을 목표로 하며 안전체험관 활성화, 맞춤형 안전교육 등을 바탕으로 VR·AR·메타버스 등 신기술을 활용하여 실감 나는 체험교육 실시, 부모참여 등 가족단위 프로그램 활성화, 접근성이 좋은 주민센터를 활용한 소규모 안전체험공간 운영, 찾아가는 맞춤형 안전교육 서비스 확대 등의 세부추진계획을 수립하였다.

---

* 납 600ppm → 90ppm, 프탈레이트류 가소제 0.1% 이하(신설)
　※「환경보건법 시행령」 개정(2021. 7. 6.), 2026년부터 전면 적용
**「어린이안전관리에 관한 법률」에 따라 매년 4시간 안전교육 실시(소아심폐소생술 실습교육 2시간 포함)

비전	미래의 주인, 어린이가 안전한 나라

목표	어린이 안전 최우선 생활환경 개선 및 사회문화 조성

분야별 추진 목표

교통	제품	식품
어린이 교통사고 사망자 제로화	빈틈없는 어린이 제품 안전관리	믿고 먹을 수 있는 어린이식품 안전관리

환경	시설	교육
어린이의 환경유해인자 노출 최소화	원칙을 지키는 어린이이용시설 안전관리	국민 모두 함께 하는 어린이 안전문화 정착

분야별 정책과제

어린이교통 안전관리	1. 어린이 통학로 안전 인프라 확충 2. 어린이 교통안전 위반행위 저감 3. 어린이 교통안전 문화 조성
어린이제품 안전관리	1. 어린이제품 안전기준 정비 2. 불법 · 불량 어린이제품 감시 · 관리 3. 안전한 어린이제품 인프라 조성
어린이식품 안전관리	1. 어린이 식생활 안전관리 강화 2. 어린이 식중독 저감화 지속 추진, 스마트한 급식관리 3. 어린이 활동공간 주변 식품안전관리
어린이환경 안전관리	1. 어린이용품 환경유해인자 안전관리 2. 어린이활동공간 안전관리기준 적용 및 실내공기질 관리 3. 환경유해인자 사전예방 관리체계 마련
어린이 이용시설 안전관리	1. 학교안전사고 예방관리체계 확립 2. 유원시설 등 어린이이용시설 안전관리 강화 3. 어린이이용시설 종사자 인식개선
어린이 안전교육	1. 체험형 어린이 안전교육 활성화 2. 어린이 안전사고 유형별 교육 강화

추진체계

추진체계	1. 어린이안전 협력체계 구축 및 활성화 2. 연도별 중앙부처 · 지방자치단체 어린이안전 시행계획 수립 3. 어린이안전정책 우수기관 인센티브 부여

‖ 제1차 어린이안전종합계획 비전 및 추진전략 6 ‖

04

학교안전사고 예방에 관한 기본계획

　정부는 '국민의 안전과 생명을 최우선 국정과제로 선정' 함에 따라 각종 재난과 안전사고로부터 안전한 사회를 실현시키기 위해 노력 중에 있다. 그러나 학교의 경우 체험활동 증가와 같은 현장형 교육에 따른 잠재적 위험요인에 대한 환경 개선방향 및 어린이를 대상으로 한 재난안전 훈련체계는 미흡한 실정이다.

　학교안전사고 예방 기본계획은 「학교안전사고 예방 및 보상에 관한 법률」 제4조에 근거하여 각종 재난과 안전사고로부터 국민 모두가 안전한 사회실현에 대한 노력을 배경으로 체험활동 증가 등 안전사고의 잠재적 위험요인 증가 속도는 빠르나, 이에 대응하는 학교 환경 개선 및 재난안전 훈련체계 미흡을 개선하기 위해 교육부에서 3년 단위로 수립하고 매년 지역 계획 및 학교계획을 수립하고 있다.

교육부는 '제1차 학교안전사고 예방 기본계획(2016~2018년)'의 추진성과 및 결과를 분석하여 개선방안 마련 후 '제2차 학교안전사고 예방 기본계획'(2019~2021년)을 수립하였다.

'제2차 학교안전사고 예방 기본계획'의 비전은 '안전한 학교생활 구현'이며 더 안전한 학교를 위하여 지속적인 예방과 환경을 조성하는 것을 목표로 두고 있다. 전략은 '학교안전사고 감소를 위한 예방활동

비전	안전한 학교생활 구현
목표	더 안전한 학교를 위한 지속적 예방과 환경조성
전략	• 학교 안전사고 감소를 위한 예방 활동 강화 • 학교 안전강화를 위한 부처 · 기관 간 협력 활성화 • 지원과 회복 중심의 학교안전정책

5대 분야		추진 과제(13개)
1	안전한 학교 시설 및 주변환경 조성	① 안전한 학교 여건 조성
		② 효율적인 학교시설 안전관리체계 구축
		③ 학교 주변 통학안전 강화
2	학교안전교육 내실화	④ 맞춤형 안전교육 및 콘텐츠 활용 지원
		⑤ 교직원의 학교안전 역량 제고
		⑥ 안전체험시설 확충 및 운영 내실화
3	안전한 교육활동 운영 지원	⑦ 통합매뉴얼 제공 및 신규재난 대응
		⑧ 학교 밖 활동 등 안전 강화
		⑨ 학교안전관리지원 조직 강화
4	학교안전문화 확산	⑩ 학교구성원 안전 의식 제고
		⑪ 참여하는 학교안전문화 활성화 지원
5	피해회복 지원 및 재발 방지	⑫ 학교안전사고 신속한 피해회복 지원
		⑬ 정책활용용도를 높이는 학교안전사고 통계관리

‖ 제2차 학교안전사고 예방에 관한 기본계획 비전 및 추진전략 7 ‖

강화', '학교 안전강화를 위한 부처 · 기관 간 협력 활성화', '지원과 회복 중심의 학교안전정책' 등 크게 3가지로 구분하였다.

학교안전 기본계획의 어린이안전 관련 5대 분야를 나누고 13개의 세부과제를 통한 안전한 학교 시설 및 주변환경 조성, 학교안전문화 확산, 학교 안전사고 감소를 위한 예방활동강화, 학교 안전강화를 위한 부처 · 기관 간 협력활성화, 지원과 회복 중심의 학교안전정책이 있다.

'안전한 학교시설 및 주변환경 조성'과제에서는 안전한 학교 여건 조성, 효율적인 학교시설 안전관리체계 구축, 학교 주변 통학안전 강화와 같은 세부적인 과제로 구성되어 있다. 안전한 학교 여건 조성을 위해 등 · 하교 시간을 제외하고 외부인을 차단하거나 내진보강, 석면 제거, 스프링클러 제작 및 등하굣길 안전 확보, 어린이 통학안전 강화 등 학교 내외부적인 위험요소에 대한 개선방안을 수립한다. 학교안전교육 내실화를 위해 체험 중심 안전교육 커리큘럼을 이전 계획에 비해 강화하며, AR · VR 등을 활용한 맞춤형 안전교육 콘텐츠를 개발 및 보급하는 등의 개선방안을 수립한다. 안전한 교육활동 운영 지원을 위해 통합매뉴얼 제공 및 신규재난 대응 등 복합적인 재난에 대응하기 위한 대응체계를 구축하고, 학교 내부 안전 분야 전담부서의 기능을 강화하는 등의 개선방안을 수립한다. 학교 구성원 안전의식 제고를 위해 현 학교별 안전문화에 대한 실태조사를 실시하여 이를 개선하고, 교직 단위의 학교안전예방 계획 수립 등의 개선방안을 수립한다. 피해회복 지원 및 재발방지를 위해 발생 가능성이 있는 사고에 대하여 신속한 피해회복을 지원하고, 학교안전사고 통계기반 분석을 통해 향후 안전사고를 줄이기 위한 정책 과제를 도출하는 등의 개선방안을 수립한다.

▼ 제2차 학교안전 기본계획 주요 추진과제 8

구분	주요 추진 내용
안전한 학교 시설 및 주변환경 조성	• 안전한 학교 여건 조성 • 효율적인 학교시설 안전관리체계 구축 • 학교 주변 통학안전 강화
학교안전교육 내실화	• 맞춤형 안전교육 및 콘텐츠 활용 지원 • 교직원의 학교안전 역량 제고 • 안전체험시설 확충 및 운영 내실화
안전한 교육활동 운영지원	• 통합매뉴얼 제공 및 신규재난 대응 • 학교 밖 활동 등 안전강화 • 학교안전 관리 · 지원 조직 강화
학교안전문화 확산	• 학교구성원 안전의식 제고 • 참여하는 학교안전문화 활성화 지원
피해회복 지원 및 재발방지	• 학교안전사고 신속한 피해회복 지원 • 정책활용도를 높이는 학교안전사고 통계관리

05

어린이제품의 안전관리에 관한 기본계획

어린이의 경우 제품과 관련하여 성인에 비해 위해 요소에 취약하기 때문에 일반 생활용품과 다르게 어린이의 제품은 안전기준 및 관리제도를 운영해야 한다. 어린이의 경우 인지능력이 성인에 비해 떨어지며, 물거나 빠는 등의 특정 행위를 통해 유해 물질이 체내에 흡수되거나 기도 막힘 등의 위급상황이 발생할 수 있으며 이를 대처하기 위한 역량 또한 부족하다. 또한 과거에 비해 어린이제품이 다양해지고, 융복합제품이 출시됨에 따라 신종 유해화학물질이 출현하는 등 어린이제품안전 환경에 대한 불확실성이 증대되고 있는 실정이다.

어린이제품안전관리 기본계획은 「어린이제품 안전 특별법」 제5조에 따라 어린이제품 안전관리의 목표 및 기본방향, 어린이제품의 안전을 확보하기 위한 기반조성, 어린이제품으로 인한 안전사고 예방 및 대책 등의 내용을 담고 있다. 이 계획의 비전은 어린이안전중심이 되는 Safety Korea 건설이며, 소비자, 기업, 정부가 함께 건전한 어린이제품 안전생태계 조성이 목표다. 이 계획은 만 13세 이하의 '어린이' 그리고 어린이가 사용하거나 어린이를 위하여 사용되는 물품 또는 그 부분품이나 부속품으로 정의된 '어린이제품'을 대상으로 한다.

어린이안전 관련 세부과제로는 전 주기적 어린이제품 안전관리

‖ 제2차 어린이제품 안전관리 기본계획 비전 및 추진전략 9 ‖

시스템 구축, 어린이 제품안전 생태계기반조성, 어린이제품 안전문화 확산 등이 있다. 2016년 3월 수립된 '제1차 어린이제품 안전관리 기본계획'에서는 어린이의 제품 안전관리 강화를 위한 3대 전략 및 10대 중점관리를 제시하였다. '제1차 어린이안전관리 기본계획'의 주요 성과는 어린이 제품에 대한 전반적이고 체계적인 틀을 마련하였으며, 어린이제품을 대상으로 한 안전교육, 홍보를 통해 안전문화를 확산하여 안정정책을 위한 기본적인 재정적 기반을 확보하였다는 것이다.

하지만 1차 기본계획 수립과정에서는 어린이와 성인이 혼용하여 사용하는 각종 제품 등에 대한 명확한 관리방안이 부족하였으며, 대다수의 어린이제품 업체의 영세에 따른 대응능력을 개선하기 위한 강화방안을 마련할 필요가 있었다.

이에 따라 1차 기본계획과정을 통해 어린이 제품의 안전관리 체계를 고도화할 필요가 있으며, 영세업체 제품에 대한 안전관리 대응능력을 강화하는 방향을 지원하여 어린이제품에 대한 안전관리 전문성을 증대할 필요성이 대두되었다.

이에 제2차 어린이제품 안전관리 기본계획을 수립하고 전 주기적 어린이제품 안전관리 시스템 구축, 어린이제품 안전생태계 기반조성, 어린이제품 안전문화 확산 등의 추진전략을 바탕으로 포괄적 어린이제품 안전관리제도 정착, 유통시장 어린이제품 안전관리 다각화, 통관단계 수입어린이제품 관리 강화, 리콜제도 실효성 제고, 어린이제품 생산기업의 수출전력화 지원, 어린이제품 안전 인프라 확충, 어린이제품 안전 협력 강화, 어린이 눈높이에 맞는 제품안전교육 실시, 어린이제품 안전교육 인프라 확충, 수요자 중심의 어린이제품 안전 홍보 강화 등의 세부추진계획을 마련하였다.

구분	주요 추진 내용
전 주기적 어린이제품 안전관리시스템 구축	• 포괄적 어린이제품 안전관리제도 정착 • 유통시장 어린이제품 안전관리 다각화 • 통관단계 수입어린이제품 관리 강화 • 리콜제도 실효성 제고
어린이제품 안전생태계 기반조성	• 어린이제품 생산기업의 수출전력화 지원 • 어린이제품 안전 인프라 확충 • 어린이제품 안전 협력 강화
어린이제품 안전문화 확산	• 어린이 눈높이에 맞는 제품안전교육 실시 • 어린이제품 안전교육 인프라 확충 • 수요자 중심의 어린이제품 안전 홍보 강화

어린이제품 안전관리 기본계획을 수립하고 이를 운영하면서 그간의 각종 성과도 도출되었으나 일부 문제점 및 당면과제도 있었다. 이러한 여건과 상황을 고려하여 2022년 1월 20일 제3차 어린이제품 안전관리 기본계획(2022~2024년)을 수립하여 공표하였다. 제3차 어린이제품 안전관리 기본계획은 '전 주기의 빈틈없는 안전관리로 어린이가 안심할 수 있는 생활환경 구현'을 비전으로 불법·불량 어린이제품의 시장 퇴출에 따른 안전사고의 실질적 저감을 목표로 하여 4대 분야 12대 추진과제를 마련하였다.

제3차 기본계획의 4대 분야 12개 추진 내용을 살펴보면 '어린이제품 안전사고 예방', '불법·불량 어린이제품 근절', '기업·소비자 지원 강화', '안전관리 인프라 확충'이 있다.

각각의 추진 전략에 따라 3개의 추진과제를 마련하였으며 '어린이제품 안전사고 예방'에 대해서는 '사고 저감 중심 안전기준 강화', '안전관리 대상 확대', '인증제품 유통 강화'에 대한 내용이다. '불법·불량

비전	전 주기의 빈틈없는 안전관리로 어린이가 안심할 수 있는 생활환경 구현	

목표	불법·불량 어린이제품 시장 퇴출로 안전사고 실질적 저감	(안전사고 감소) 18,494건(2020년) → 15,000건(2024년) (온라인 협의체) 15개사(2021년) → 40개사(2024년) (기업지원) 90개(2021년) → 500개(2024년) (안전교육) 7,000명(2021년) → 20,000(2024년) (안전기준) 유해물질 → 물리적 사고 저감 (안전성조사) 적발 위주 → 법적 의무·처벌 강화

1. 어린이제품 안전사고 예방	① 사고 저감 중심 안전기준 강화 ② 안전관리 대상 확대 ③ 인증제품 유통 강화
2. 불법·불량 어린이제품 근절	① 유통관리체계 확립 ② 위해품목 집중 단속 ③ 유통 취약채널 관리
3. 기업·소비자 지원 강화	① 자발적 안전관리 강화 ② 기업 지원 확대 ③ 소비자 안전문화 확산
4. 안전관리 인프라 확충	① 디지털 기반 안전관리체계 구축 ② 시험인증 역량 강화 ③ 어린이제품안전센터 설립

‖ 제3차 어린이제품 안전관리 기본계획 비전 및 추진전략 11 ‖

어린이제품 근절'에 대해서는 '유통관리체계 확립', '위해품목 집중 단속', '유통 취약채널 관리' 등이 있다. '기업·소비자 지원 강화'에 대해서는 '자발적 안전관리 강화', '기업 지원 확대', '소비자 안전문화 확산' 등이 있으며 '안전관리 인프라 확충'에 대해서는 '디지털 기반 안전관리체계 구축', '시험인증 역량 강화', '어린이제품 안전센터 설립' 등이 있다.

▼ 제3차 어린이제품 안전관리 기본계획 주요 추진과제 12

구분	주요 추진 내용
어린이제품 안전사고 예방	• 사고 저감 중심 안전기준 강화 • 안전관리 대상 확대 • 인증제품 유통 강화
불법 · 불량 어린이제품 근절	• 유통관리체계 확립 • 위해품목 집중 단속 • 유통 취약채널 관리
기업 · 소비자 지원 강화	• 자발적 안전관리 강화 • 기업 지원 확대 • 소비자 안전문화 확산
안전관리 인프라 확충	• 디지털 기반 안전관리체계 구축 • 시험인증 역량 강화 • 어린이제품 안전센터 설립

06
어린이 식생활안전관리 종합계획

유치원 부실급식, 급식 완제품 사용 과정에서의 식중독 환자 발생 등 최근 급식에 대한 불안감이 고조되고 있으며, 특히 어린이 기호식품 섭취빈도·섭취량 증가에 따라 어린이의 건강영양문제에 대한 관심이 증가함에 따라 식품의약품안전처는 '어린이 식생활안전관리 종합계획'을 수립하였다.

이 계획에서는 「아동복지법」상에서 규정하는 18세 미만인 사람, 즉 '아동'을 대상으로 하고 있다.

어린이 식생활안전관리 종합계획은 「어린이 식생활안전관리 특별법」 제26조에 근거하여 3년마다 수립되고 있으며, 제3차 어린이 식생활 안전관리 종합계획(2016~2018년)은 제2차 어린이 식생활안전관리 종합계획(2013~2015년)에서의 '제조자', '제공자' 관리 중심의 시각을 극복하고 '소비자', '어린이' 입장으로 패러다임을 전환하여 새로운 식품환경 변화에 대응하며 관계부처 협력을 추구한다. 제2차 계획 수립을 통해 어린이 식생활 안전지수가 10%에 근접하게 향상되었으며, 전국 초·중·고등학교 91%를 어린이 식품안전보호구역으로 지정·관리하면서 2012년 37억 원이었던 예산을 2014년 255억 원으로 7배 증가하는 등의 성과를 보여준다. 하지만 어린이 식품안전에 대한 국민 불안감은 지속적으로 발생하고 있으며, 학교 대내적으로는 어린이의 급식소 환경 조성을 위한 관리 및 지원은 여전히 부족한 실정이며 기존의 초등학생만 진행되고 있는 식습관 형성을 위한 교육체계를 중·고등학교 과정까지 확대할 필요성이 제기되고 있다. 대외적으로는 어린이들이 건강한 식품을 먹을 수 있도록 하는 식품 선택환경이 아직 미비한 것으로 나타난다.

제3차 계획은 기존 어린이를 대상으로 공간적인 안전관리체계를 확립하였으며, 어린이 급식 안전관리를 위하여 전국적인 인프라를 구축하였다. 또한, 지속적인 산업체와의 아젠다 공유를 통해 고열량·저열량 식품에 대한 감소, 식품업계의 자발적인 연구 수행을 통해 정책 참여를 유도하는 등의 주요 정책을 실시한다. 어린이 식생활 안전관리 종합계획 비전은 건강하고 행복한 어린이 세상이며, 목표는 어린이의 건강한 식생활 실천문화 확산이다. 어린이안전 관련 전략 및 과제는 5가지로 나누고 각각의 세부계획에 따라 진행된다.

제3차 계획의 문제점을 보완하고 새로운 비전을 제시하는 '제4차 어린이 식생활안전관리 종합계획'은 2019년에 수립하였다.

'제4차 어린이 식생활안전관리 종합계획'은 '식생활의 안전과 건강을 보장받는 어린이'라는 비전을 수립하고, 식생활의 근간을 이루는 식품안전, 어린이의 생활 전반적 공간관리, 안전과 영양을 책임지는 급식관리, 식습관과 생활을 변화시키는 교육과 같은 4대 분야 13개

비전	식생활의 안전과 건강을 보장받는 어린이			
패러다임	생활에 변화를 가져오는 정책			
전략	① 기존 10여 년 어린이정책의 재평가		② 위험을 예방하는 선제적 대응	
	③ 기업/단체의 자발적 참여/협력 유도		④ 정책 대상의 세분화로 맞춤형 시행	

식생활의 근간을 이루는 식품안전	어린이의 생활 전반적 공간 관리	안전과 영양을 책임지는 급식관리	식습관과 생활을 변화시키는 교육
• 어린이기호식품의 현행화 및 안전확보 – 범위 주기적 개선, 유통 안전 관리, 신제품 위해 여부 관찰 • 품질인증 제도개선 – 기준/명칭 재검토 및 개선, 활성화 • 고열량·저영양식품 및 고카페인 제도 개선 – 기준개선, 표시제 단계적 시행 • 나트륨·당류 저감화 – 자율 저감 목표 설정, 정부의 기술 및 표시 가이드 제공, 유통 방법 제안	• 생활환경에 따른 관리대상 다각화 – 놀이시설(키즈카페 등), 학원가 위생 점검 • 생활공간 집중관리 – 학교 및 학교 주변 알레르기 등 점검, 다변화되는 이용 공간(PC방 등) 조사 및 관리 • 온라인 환경 개선 – 기존 규제 효과 분석, 고저 광고 제한, 기준개선, 광고 등 모니터링, 긍정적 정보 송출	• 어린이급식관리 지원센터 운영 내실화 – 지방자치단체 보고 의무화 등 실효성 제고, 인프라 강화 • 중앙급식관리 지원센터 역할 강화 – 위상 및 주도성 제고, 직원교육 강화 • 학교급식 안심 확보 – 식중독 예방 및 신속대응, 당·나트륨 저감 등 영양 관리 • 영양사 등 교육으로 안전관리체계 완성 – 나트륨·당류 저감, 위생 등 안전관리	• 학교 내 체험·참여형 식품안전·영양교육 강화 – 어린이 대상 식품안전·영양교육 참여 기회 확대, 관계부처 협력을 통한 교육 확대 • 건강한 식생활 영양정보 상시 노출 환경 조성 – 생활 속 콘텐츠 개발 및 홍보, 직접 참여하는 공모전 등 프로그램 확대
시장 전반의 개선 유도	온·오프라인 접촉 단계에서의 안전 확보	'급식'은 '안전과 건강' 인식 공유	건강을 선택하는 능력 함양

(인프라 강화) 부처 협업으로 효과성 제고/과학적 기반 축적·관리/국제협력

‖ 제4차 어린이 식생활안전관리 종합계획 비전 및 추진전략 13 ‖

추진과제를 제시하여 어린이 식품 시장에 대한 전반적인 개선을 유도하고 학생 및 대상들로 하여금 안전과 건강한 의식을 공유하여 건강한 식품을 선택하는 능력을 함양시키는 데 주요 목적이 있다.

'제4차 어린이 식생활안전관리 종합계획' 추진 이후 학교, 학원가

구분	주요 추진 내용
어린이 행동공간 밀착 관리	• 학교주변 식품판매환경 개선 • 광고규제 등 건강한 식생활 미디어 환경 조성 • 키즈카페 등 어린이 이용시설에 대한 지도 · 점검 강화 • 학교급식 등 알레르기 유발 관리
어린이 급식 안심 환경 조성	• 학교 등 급식소 위생관리 강화 • 안심하고 아이를 맡길 수 있는 급식관리지원체계 구축 • 어린이집 등 급식 위생 · 영양수준 상향 표준화 • 급식의 수준제고를 위한 유관부처와의 협력 강화
건강한 식품 제공 기반 강화	• 어린이 기호식품 안전관리 강화 • 당류, 나트륨 등 위해가능 영양성분 저감화 • 어린이 기호식품에 대한 품질인증 확대 • 고열량 · 저영양 및 고카페인 함유 식품 정보 제공 확대
올바른 식생활 실천문화 기반 구축	• 맞춤형 영양정보 제공 등 서비스 확대 • 어린이 대상 식품안전 · 영양교육 확대 • 영양취약계층에 대한 식생활안전교육 강화 • 어린이가 참여하는 체험교육 활성화
어린이 식생활 안전관리 협력 강화 및 인프라 확충	• 어린이 식생활안전 확보를 위한 협력 강화 • 과학적 기초자료 조사 등 정책 추진 기반 마련 • 어린이 식생활안전제도 기반 구축

주변 업소의 위반율이 감소하는 등 안전관리 수준이 향상되었다. 그러나 TV 중심의 광고 제한 정책의 한계, 영양 불균형 어린이에 대한 대책 확대, 어린이 급식소 대상 영양/안전 지원 서비스의 질적 향상 등의 개선 필요 과제가 도출되었고 이에 대한 대책을 마련하기 위해 '제5차 어린이 식생활안전관리 종합계획'(2022~2024년)을 수립하였다.

비전	바른 식생활로 건강하게 성장하는 어린이

↑

추진방향
- 어린이가 더 건강한 식품을, 더 쉽게 선택할 수 있는 환경 제공
- 모든 어린이에게 안전하고 균형 잡힌 급식 제공
- 성장과정에서 다양하고 균등한 식생활 프로그램 지원
- 영양정보 등 빅데이터 구축으로 규제과학 정책 기반 확대

↑

전략	Ⅰ. 건강한 식생활 환경 조성	Ⅱ. 안전하고 영양 있는 어린이 급식 제공	Ⅲ. 어린이 성장 과정별 맞춤형 지원 다양화	Ⅳ. 데이터 기반 정책 추진 인프라 구축
추진과제	1. 온라인 식생활 환경개선 ① 미디어 환경 변화에 따른 광고제한 제도 개신 ② 온라인 영양 성분 표시관리 강화	1. 어린이 급식관리 지원센터 2.0 시대로 도약 ① 촘촘한 어린이 급식관리 지원 체계 구축 ② 스마트 어린이 급식관리 시스템 구축 운영 ③ 중앙급식 관리지원 센터 역할 강화	1. 성장과정별 안전 영양교육 체계 구축 ① (영유아) 올바른 식습관의 중요성을 체험할 수 있는 교육 ② (초등생) 학교 내 식생활 교육 확대 ③ (중고생) 식생활 교육과정 활성화 지원	1. 데이터 기반 어린이 식생활 정책 추진 ① 영양정보 표준화 및 통합DB 구축 ② 데이티 기반 건강한 식단 개발 지원 ③ 어린이 식생활 빅데이터 구축
	2. 건강한 어린이 식품판매환경조성 ① 저염·저당식품 등 제조판매 활성화 ② 어린이 기호 식품 범위 및 품질인증 기준 개선 ③ 영양성분 등 정보 제공으로 소비자 선택권 보장	2. 안전에 안심을 더한 급식 관리 ① 어린이 급식 안심 확보 ② 식중독 예방 및 신속한 대응 체계 운영	2. 다양한 체험형 교육 및 영양정보 콘텐츠 확산 ① 체험 프로그램 다양화 ② 농촌 등과 연계한 체험학습 실시 ③ 온라인 교육 콘텐츠 개발 및 보급 확대	2. 민간 중심의 건강한 식생활 환경 조성 ① 학부모 등 참여를 통한 학교주변 관리 강화 ② 산업계 주도의 건강한 식품 제조유통 환경 조성
	3. 어린이 생활공간 및 식품 안심확보 ① 어린이 활동공간에 대한 안전관리 강화 ② 수입식품 및 안전사고 우려 식품 관리강화 ③ 고카페인 함유 식품 과잉섭취 방지	3. 맞춤형 영양 급식 제공을 위한 지원 ① 어린이 급식 영양관리 프로그램 개발·보급 ② 어린이 식품 알레르기 정보 제공 ③ 어린이 급식관리 종사자 전문성 강화	3. 영양불균형 해소를 위한 취약계층 지원 강화 ① 농어촌 저소득층 어린이 등 영양 취약계층 지원 ② 영양불균형 우려 대상 집중 지원	3. 국제협력 및 지역사회 연계 활동 확대 ① 제외국과의 정책 교류 활성화 ② 지역사회/청소년 단체 등 연계·협력

‖ 제5차 어린이 식생활안전관리 종합계획 비전 및 추진전략 15 ‖

150 어린이와 청소년 안전문화

'제5차 어린이 식생활안전관리 종합계획은 2022~2024년까지 3년에 걸쳐 진행되며 '바른 식생활로 건강하게 성장하는 어린이'라는 비전을 수립하였다.

추진방향은 '어린이가 더 건강한 식품을, 더 쉽게 선택할 수 있는 환경을 제공'하고 '모든 어린이에게 안전하고 균형 잡힌 급식을 제공'하며 '성장과정에서 다양하고 균등한 식생활 프로그램을 지원'한다. 마지막으로 '영향정보 등 빅데이터 구축으로 규제 과학 정책 기반을 확대'한다.

이러한 비천 및 추진방향을 바탕으로 '건강한 식생활 환경 조성', '안전하고 영양 있는 어린이 급식 제공', '어린이 성장과정별 맞춤형 지원 다양화', '데이터 기반 정책 추진 인프라 구축' 등 4대 전략 12개 추진과제를 제시하였다.

이 계획은 미래의 주역인 어린이에게 더 안전하고 건강한 어린이

▼ 제5차 어린이 식생활안전관리 종합계획 주요 추진과제 16

구분	주요 추진 내용
건강한 식생활 환경 조성	• 온라인 식생활 환경 개선 • 건강한 어린이 식품 판매환경 조성 • 어린이 생활공간 및 식품 안심 확보
안전하고 영양 있는 어린이 급식 제공	• 어린이 급식관리 지원센터 2.0 시대로 도약 • 안전에 안심을 더한 급식 관리 • 맞춤형 영양 급식 제공을 위한 지원
어린이 성장과정별 맞춤형 지원 다양화	• 성장과정별 안전/영양 교육체계 구축 • 다양한 체험형 교육 및 영양정보 콘텐츠 확산 • 영양불균형 해소를 위한 취약계층 지원 강화
데이터 기반 정책 추진 인프라 구축	• 데이터 기반 어린이 식생활 정책 추진 • 민간 중심의 건강한 식생활 환경 조성 • 국제협력 및 지역사회 연계 활동 확대

기호식품의 선택권을 확대하고 영양 불균형과 영양 격차 해소를 위한 체계적인 세부 추진계획 마련, 변화하는 식생활 환경에서 어린이에게 안전하고 영양을 골고루 갖춘 식품을 제공할 수 있는 실효성 있는 정책을 추진하는 데 주요 목적이 있다.

07

국민안전교육 기본계획

정부는 '국민의 안전과 생명을 지키는 안심사회 구축'을 최우선 국정 전략으로 제시하며, 최근 재난 발생으로 국민들의 안전에 대한 불안감이 높고, 안전교육에 대한 관심이 증가함에 따라 중장기 국민 안전교육 기본계획을 수립하여 체계적인 안전교육을 추진한다.

우리나라는 경제 수준에 비해 안전수준이 타 선진국과 비교해 상대적으로 낮으며, 대다수의 국민이 이전 세월호와 같은 대형사고가 다시 일어날 수 있다고 생각하는 등 최근 지속적인 대형 재난이 발생함에 따라 국민들의 불안감은 계속해서 증가되고 있는 추세이다. 이에 「국민 안전교육 진흥 기본법」 제5조에 근거하여 국민안전교육 기본계획을 5년마다 수립하여 생애주기별 안전교육을 추진하고 있다. 안전교육은 일반 국민(생애주기에 해당하는 일반인), 어린이, 학생, 장애인, 노인, 직장인, 군인 등을 대상으로 하고 있으며 범정부적으로 안전교육이 체계적으로 시행될 수 있도록 비전과 정책 목표를 제시하는 중·장기 전략계획이다.

비전	사람 중심·생명존중의 안전한 사회 구현

목표	국민의 재난·안전사고 예방 및 대처 능력 향상

전략	범정부 총괄·지원 체계 구축	국민안전교육 인프라 확충	사회안전교육 활성화 지원

	추진분야	추진과제
1	안전교육 추진체계 구축	1-1 기본계획 수립 및 평가체계 구축 1-2 범정부 안전교육 추진협의회 구성·운영 1-3 안전교육 활성화를 위한 법·제도 정비
2	안전교육 활성화	2-1 국민안전실천역량 진단 및 활용 2-2 안전분야별 국민안전교육 강화 2-3 안전교육기관 육성
3	체험 위주의 안전교육 확대	3-1 국민안전체험관 확대 구축 3-2 체험형 안전교육 강화
4	안전교육 교재 및 프로그램 개발·보급	4-1 생애주기별 안전교육 콘텐츠 개발·보급 4-2 생애주기별 안전교육 프로그램 개발·보급 4-3 국민안전교육포털 구축·운영
5	안전교육 전문인력 육성·활용	5-1 안전교육 전문인력 관리체계 구축 5-2 안전교육 전문인력 양성·활용
6	사회안전교육 지원체계 구축	6-1 다중이용시설 등 안전교육 지원·관리 6-2 지역 중심의 안전교육 활성화 기반 구축

3대 원칙	협업 원칙	실용원칙	참여·실천 원칙

‖ 국민안전교육 기본계획 비전 및 추진전략 17 ‖

재난 및 안전분야 중 국민과 밀접한 관련이 있는 6대 분야(생활안전, 교통안전, 자연재난안전, 사회기반체계안전, 범죄안전, 보건안전) 23개 영역, 68개 세부영역에 대하여 6개 추진 전략과 15개 세부 추진과제를 수립하고 있다.

제1차 국민안전교육 기본계획의 비전은 사람 중심·생명 존중의 안전한 사회 구현으로 목표는 국민의 재난·안전사고 예방 및 대처 능력 향상이며 국민안전교육 기본계획의 어린이안전 관련 주요 세부 과제로는 체험형 안전교육 강화, 생애주기별 안전교육 프로그램 및 콘텐츠 개발로 볼 수 있다.

'체험형 안전교육 강화' 세부 과제의 주요 목표는 찾아가는 이동형 교육 등과 같은 체험형 안전교육을 확대하고, 어린이·장애인·노약자와 같은 안전취약계층을 대상으로 한 맞춤형 체험교육을 운영하는 것이다. 또한 '생애주기별 안전교육 콘텐츠 개발·보급' 세부 과제의 주요 목표는 생애주기별, 안전분야별 안전교육 콘텐츠를 개발하고, 더 나아가 국민안전교육과 관련된 정보 통합서비스 체계를 구축하는 것이다. 어린이를 포함한 안전취약계층을 위한 맞춤형 안전체험 교육 개발 및 운영을 실시하고 부처별 특성에 따라 다양한 과제를 마련하고 있다.

교육부는 교육지원청과 소방센터 연계를 통한 학교 방문 체험형 교육 운영, 초등학생 대상 생존수영 및 기능 교육을 통한 물 적응력 강화, 학교 안전교육을 위한 체험식 교육자료 제작 등 학생 대상 안전체험교육을 강화하고 산업통상자원부는 어린이 제품안전 교육교재 및 영상, 안전사고 사례 영상 제작, 어린이·청소년 대상 전기·가스 안전 체험교육 등의 과제를 수립하고 있다.

소방청에서는 '청소년 소방학교', '미래소방관 체험교실', '한국 119

구분	주요 추진 내용
안전교육 추진체계 구축	• 기본계획 수립 및 평가체계 구축 • 정부 안전교육 추진협의회 구성 · 운영 • 안전교육 활성화를 위한 법 · 제도 정비
안전교육 활성화	• 국민안전실천역량 진단 및 활용 • 안전분야별 국민안전교육 강화 • 안전교육기관 육성
체험 위주의 안전교육 확대	• 국민안전체험관 확대 구축 • 체험형 안전교육 강화
안전교육 교재 및 프로그램 개발 · 보급	• 생애주기별 안전교육 콘텐츠 개발 · 보급 • 생애주기별 안전교육 프로그램 개발 · 보급 • 국민안전교육포털 구축 및 운영
안전교육 전문 인력 육성 · 활용	• 안전교육 전문인력 관리체계 구축 • 안전교육 전문인력 양성 · 활용
사회안전교육 지원체계 구축	• 다중이용시설 등 안전교육 지원 · 관리 • 지역 중심의 안전교육 활성화 기반 구축

소년단' 등 청소년 대상 소방안전체험교실 등을 실시하고 경찰청은 어린이, 고령자 등 대상별 교통안전교육 교재 및 영화 제작 등을 실시하고 있다.

Memo

Chapter 6

우리나라
어린이와 청소년의
안전관리

어린이와 청소년의
학교안전관리

'학교안전'은 '안전교육'과 '안전관리'로 나뉘는데, 안전교육은 다시 안전에 관한 학습과 안전에 대한 지도로 구분하고 안전관리는 대인관리와 시설관리로 구분한다.

안전교육 중 안전학습은 모든 교과서를 통한 지식이나 기능 습득은 물론 체육·보건·교련의 영역에 중심을 두고, 실험·실습, 특별활동 등의 학습지도와 학교 행사를 중심으로 하여 행하여지는 것이며 안전지도는 안전에 관한 바람직한 행동 변화에 필요한 지식이나 기능을 습득시키기 위하여 안전학습과 안전에 관한 원리 원칙을 구체적인 행동 장면에 적용시켜 항상 안전한 행동을 실천하는 태도와 능력을 기르는 것을 말한다.

안전교육의 원천은 언론매체, 기업, 사회단체, 친구, 학교, 가정과 개인경험 등으로 후자로 갈수록 그 중요성은 증가하기 때문에 부모에 의한 가정에서의 안전교육이 매우 중요하지만 현실은 그렇지 않다. 이런 관점에서 안전교육을 위한 인력과 시설이 구비되어 있고 가장 많은 교육 대상자를 확보하고 있으며 교육이론으로 무장된 학교에서의 체계적인 안전교육은 안전교육 효과의 극대화라는 측면에서 그 중요성이 더욱 크다. 학교안전교육은 안전에 대한 잠재적 사고와 문제 상황에 대한 인식을 일깨워 사고를 미연에 예방하는 행동 변화를 조장하는 활동이며 이 교육의 목표는 모든 교육 활동에서 사고를 예방하며 교사와 학생들이 안전한 생활을 영위하고 나아가 안전 문화의 정착으로 안전한 삶을 준비하도록 하고 있다. 또한 학교(학교장)는 학생의 안전사고를 예방하기 위하여 학교 시설·장비의 점검 및 개선, 학생에 대한 안전교육의 실시, 기타 필요한 조치를 하여 안전성을 확보해야 한다.

안전관리 중 '대인관리'는 안전 인식 진단, 일상 행동 관찰 등으로 사고 요인이 되는 학생의 심신의 특징을 파악하거나 안전 행동의 실태 파악, 위험한 행동의 규제 및 긴급 시의 구급체제를 확립하는 것 등이 있으며 '시설관리'는 주로 환경관리로 학교 내·외의 시설 설비의 안전 점검과 안전조치, 정서적 환경 등을 말한다.

학교안전관리는 안전사고를 예방하기 위한 다양한 활동을 들 수 있다. 여기서 학교안전사고는 「학교안전사고 예방 및 보상에 관한 법률」 제2조제6호에 근거하여 교육활동 중에 발생한 사고로서 학생·교직원 또는 교육활동참여자의 생명 또는 신체에 피해를 주는 모든 사고 및 학교급식 등 학교장의 관리·감독에 속하는 업무가 직접 원인이 되어 학생·교직원 또는 교육활동 참여자에게 발생하는 질병을 말한다. 법에서 명시하는 학교안전사고의 종류는 '학교급식이나 가스 등에 의한 중독', '일사병', '이물질의 섭취 등에 의한 질병', '이물질

과의 접촉에 의한 피부염', '외부 충격 및 부상이 직접적인 원인이 되어 발생한 질병' 등이 있다.

학교안전사고를 예방하기 위한 노력인 안전관리는 다양하게 존재한다. 그중 학교시설안전관리가 있다. 이는 시설적인 안전관리를 통해 안전성을 확보하는 것으로 「교육시설 등의 안전 및 유지관리 등에 관한 법률」 제10조제1항에 근거하여 교육부장관은 학교시설의 안전 및 유지관리 등에 필요한 기준(이하 "안전·유지관리기준")을 마련하고, 이를 감독기관의 장 및 교육시설의 장에게 통보하도록 명시하고 있다. 안전기준의 종류는 내진 설계 및 내진 보강 등 구조 안전에 관한 기준, 화재 안전에 관한 기준, 설계·시공 및 유지관리에 필요한 기준, 감염예방, 환경 및 재료 등의 안전성 확보에 필요한 기준 등이 있다. 학교장은 이러한 안전·유지관리기준 준수 여부를 자체적으로 매년 1회 이상 점검하고, 그 결과를 감독기관의 장에게 보고해야 한다.

감독기관은 크게 3개로 분류되는데, 국립유치원, 국립 초·중·고등학교, 국립·사립 고등교육기관, 전문대학졸업자와 동등한 학력·학위가 인정되는 평생교육시설 등은 '해당 교육시설을 지도·감독하는 중앙행정기관'이고, 공립·사립 유치원, 공립·사립 초·중·고등학교, 고등학교 졸업 이하의 학력이 인정되는 평생교육시설 등은 '시·도교육청'이며 공립 고등교육기관은 '지방자치단체'이다.

그 밖에 학교 소방시설의 실태조사, 학교시설·설비·교구에 대한 안전점검, 학교안전교육, 학교장의 교육활동 안전대책 점검·확인 등에 관한 의무 등 다양한 안전관리활동이 있다.

02

어린이와 청소년의 교통안전

교통안전은 도로 이용자가 사상에 이르지 않도록 하는 수단과 절차를 의미하며 도로교통안전이라고도 한다.

교통사고 방지를 위한 안전대책으로는 평상시 교통법규의 준수, 철저한 안전교육, 안전시설의 정비라는 세 가지 점이 강조된다. 그럼에도 불구하고 법령의 위반은 끊이지 않고 또한 신호등, 조명장치, 가드레일, 보도, 육교 등의 시설이 아직까지 매우 부족한 형편이다. 유치원, 학교 등 어린이와 청소년을 대상으로 한 안전교육은 최근 많이 진척되었지만 성인, 특히 중년 여성층인 학부모를 대상으로 하는 교통안전교육이 미치지 못하고 있다. 아이들을 위해서는 안전시설과 동시에 적극적으로 그들의 놀이터를 만들어 주어야 한다. 놀이터를 설비할 수 없는 곳에서는 휴일 등에 도로에 차량통행을 금지하고 그 동안 놀이터로 이용하려는 도시도 있다.

교통안전사고는 큰 부상이나 사망에 이르기까지 치명적인 상황이 도래할 수 있으므로 체계적이고 미래지향적인 교통문화를 정착시키기 위하여 어린이와 청소년들에게는 기초질서를 비롯한 교통안전상식 등 조기교육을 실시할 필요가 있다.

현재 중앙정부 및 공공기관에서는 어린이와 청소년의 교통안전을 위해 다양한 활동을 실시하고 있으며 그중 가장 대표적인 활동이 교통안전교육이다.

행정안전부에서는 종합적이고 체계적인 생애주기별* 안전교육 지도 기준에 따라 6대** 분야를 마련하였으며 그중 한 분야가 '교통안전'이다. '교통안전분야'는 '보행안전', '이륜차안전', '자동차안전', '대중교통안전분야'로 구분되어 있으며 세부영역으로는 9개 분야로 구분되어 있다.

또한 최신 법령을 반영하여 개편한 자전거 교재(책자, 영상) 등을 지원하는 자전거 안전교육을 실시하고 있으며 유관기관, 민간단체 등에서 어린이집, 유치원, 초등학교 등을 방문하여 자전거 안전교육을 실시하고 있다.

또한 국토교통부에서는 교통안전 취약계층의 교통사고 예방을 위해 어린이 · 고령자 및 도서벽지지역 취약계층 대상 연령별 맞춤형 교통안전교육을 실시하고 있다. 경찰청에서는 영 · 유아 · 초등학생을 대상으로 교통안전에 대한 올바른 지식, 태도 습관 배양을 위한 기관 방문 등 찾아가는 교통안전교육을 실시하고 유치원, 초등학교, 특수학교 어린이 통학버스 운전자를 대상으로 방문 교통안전교육을 실

---

* 영유아기(0~5세)부터 아동기(6~12세), 청소년기(13~18세), 청년기(19~29세), 성인기(30~64세), 노년기(65세~)로 나뉜다.

** 생활안전, 교통안전, 자연재난안전, 사회기반체계안전, 범죄안전, 보건안전 등이 6대 안전분야에 포함된다.

▼ 생애주기별 안전교육 지도기준 및 영역 1

안전분야(6대)	안전영역(23개)	안전 세부영역(68개)
생활안전	시설안전, 화재안전, 전기ㆍ가스안전, 작업안전, 여가활동안전	18개
교통안전	보행안전	교통법규안전
		횡단보도이용안전
	이륜차안전	자전거안전
		오토바이안전
	자동차안전	주행안전
		교통사고 대처
		안전띠 착용
	대중교통안전	승하차안전
		탑승 중 안전
자연재난안전	재난대응, 기후성재난, 지질성재난	13개
사회기반체계안전	환경ㆍ생물ㆍ방사능안전, 에너지ㆍ정보통신안전	5개
범죄안전	폭력안전, 유괴ㆍ미아방지, 성폭력안전, 사기범죄안전	11개
보건안전	식품안전, 중독안전, 감염안전, 응급처치, 자살예방	12개

시하고 있다.

　도로교통공단에서는 교통안전 교재의 발간ㆍ보급, 어린이 통학버스 안전교육, 교통안전교사(유치원, 초등학교, 중ㆍ고등학교) 교육, 교통안전 교육지도사 등을 활용한 교통안전교육과 온라인 교통안전교육을 실시하고 있다.

이러한 교통안전교육은 어린이와 청소년에게 발생할 수 있는 교통 사고를 예방하고 대처능력을 배양할 수 있으며 미래의 교통문화 주인인 어린이와 청소년의 안전인식을 고취시킬 수 있다.

어린이와 청소년의 시설안전관리

1. 어린이이용시설

'어린이이용시설'은 어린이집, 유치원, 초등학교, 특수학교, 학원, 아동복지시설, 대규모 점포 등 어린이가 빈번하게 왕래하는 시설로 정의된다.[2] 어린이 이용시설은 22개의 유형으로 구분할 수 있으며, 약 9만 4,000여 개소(교육대상자 77만 5,000여 명)로 나타난다. 어린이집, 유치원을 포함한 어린이 이용시설은 5개 부처(교육부, 보건복지부, 산업통상자원부, 문화체육관광부, 과학기술정보통신부)에서 관리하고 있다.

「어린이안전관리에 관한 법률」에서 규정하고 있는 어린이 이용시설의 유형은 어린이집, 유치원, 초등학교, 학원, 특수학교, 아동복지시설, 유원시설 등을 포함하여 12개소로 구분하고 있으며 동법 시행

구분	내용		
「어린이안전관리에 관한 법률」 규정	• 어린이집 • 유치원 • 초등학교 • 특수학교	• 학원 • 아동복지시설 • 대규모점포 • 유원시설	• 문화체육시설 • 공연장 • 박물관 • 미술관
「어린이안전관리에 관한 법률 시행령」 규정	• 외국교육기관 • 과학관 • 공공도서관 • 사회복지관 • 유아교육진흥원 등	• 장애인 거주시설 (어린이가 빈번하게 왕래하는 시설) • 장애인 지역사회시설 (어린이가 빈번하게 왕래하는 시설)	• 국제학교 • 외국인학교 • 대안학교

령에서 규정하고 있는 어린이 이용시설의 유형은 외국교육기관, 과학관, 공공도서관, 사회복지관, 유아교육진흥원, 장애인 거주시설 등 10개소로 구분하고 있다.

2. 어린이놀이시설

어린이놀이시설은 어린이놀이기구가 설치된 실내 또는 실외의 놀이터로 정의하고 있다.3 어린이놀이기구는 "만 13세 이하 어린이가 놀이에 이용하는 것으로 신체발달, 정서 함양에 도움을 줄 수 있는 기구 또는 조합물"을 의미한다.4

'어린이놀이시설'은 어린이놀이기구가 설치된 실내 또는 실외의 놀이터로 20종의 유형이 있다.5 어린이놀이시설 종류는 주택단지, 도시공원, 어린이집, 유치원, 학교, 식품접객업소, 놀이제공영업소, 아동복지시설, 종교시설, 주상복합, 대규모점포, 학원, 자연휴양림, 야

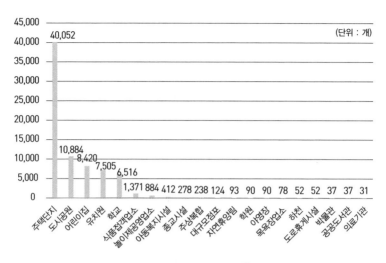

|| 어린이놀이시설 현황 6 ||

영장, 목욕장업소, 하천, 박물관, 도로휴게시설, 공공도서관, 의료기관 등이 있다. 어린이놀이시설은 전체 7만 7,244개이며, 그중 주택단지 내 어린이놀이시설이 4만 52개(51.85%)로 전체의 50% 이상을 차지한다. 그 뒤로 도시공원(14.09%) → 어린이집(10.9%) → 유치원(9.72%) → 학교(8.44%) → 식품접객업소(1.77%) → 놀이 제공영업소(1.14%) → 아동복지시설(0.53%) → 종교시설(0.36%) → 주상복합(0.31%) 등의 순으로 존재한다.

어린이놀이시설의 설치자는 '어린이놀이시설의 시설기준 및 기술기준'에 맞게 어린이놀이시설을 설치하고, 관리주체에게 인도하기 전에 설치검사를 받아야 한다고 명시하고 있다. 이는 「어린이놀이시설 안전관리법」에 근거하고 있다.

관리주체는 어린이놀이시설에 대하여 2년에 1회 이상 '정기시설검사' 및 '안전교육'을 받아야 하고, 월 1회 자체적으로 안전점검을 실시해야 하며 안전점검 결과에서 위해를 가할 우려가 있는 경우 안전진단을 신청해야 한다. 안전점검 항목은 어린이놀이시설의 연결상태, 노후 정도, 변형 상태, 청결상태, 안전수칙 등의 표시상태, 부대시설의 파손 상태 및 위험물질의 존재 여부 등이 있으며 안전점검방법은 관리주체가 점검항목에 대하여 '양호', '요주의', '요수리', '이용금지' 등의 기준에 따라 구분하여 안전점검을 한 후, 그 결과를 안전점검 실시대장에 기록해야 한다.

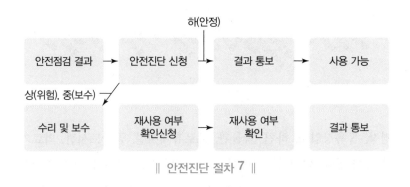

‖ 안전진단 절차 7 ‖

어린이놀이시설의 안전관리 관련 업무를 담당하는 사람인 '안전관리자'는 어린이놀이시설 안전관리지원기관에서 실시하는 어린이놀이시설의 안전관리에 관한 교육을 받아야 한다. 관리주체는 안전관리자를 신규 또는 변경 배치한 경우 안전관리자의 인적사항을 포함한 자료를 배치한 날부터 15일 이내에 어린이놀이시설 안전관리시스템 등을 통해 관리감독기관의 장에게 통보하여야 하며, 관리감독기관의 장은 통보받은 즉시 해당 안전관리자에게 안전교육 이수의무에 대해 고지해야 한다. 또한 관리주체가 안전관리자로서 역할을 병행하는 경우에는 관리주체를 안전관리자로 본다.

안전교육의 내용, 기간, 주기 등에 관하여 필요한 사항은 세부 지침을 바탕으로 수행하며 교육 시기는 어린이놀이시설을 인도받은 경우에는 인도받은 날부터 3개월이고 안전관리자가 변경된 경우에는 변경된 날부터 3개월이며 안전관리자의 안전교육 유효기간이 만료되는 경우에는 유효기간 만료일 전 3개월 이내에 실시해야 한다.

▼ 어린이놀이시설 관리주체 의무사항
(단위 : 만 원)

구분	주요 내용	근거 법조문	벌칙 및 과태료		
			1차	2차	3차
설치검사 정기시설검사 안전진단	법 제12조제1항에 따른 설치검사를 받지 아니하였거나 설치검사에 불합격된 시설을 이용하게 한 경우	법 제29조	1년 이하의 징역 또는 1천만 원 이하의 벌금		
	법 제12조제2항에 따른 정기시설검사를 받지 아니하였거나 정기시설검사에 불합격된 시설을 이용하게 한 경우				
	법 제16조제1항에 따른 안전진단에서 위험하거나 보수가 필요하다는 판정을 받은 시설을 이용하게 한 경우				
합격의 표시	설치검사 및 정기시설검사에 합격되었음을 표시	법 제12조 제4항			
안전진단 후 이용금지 폐쇄·철거 통보	안전진단 후 시설 이용금지·폐쇄·철거 시 출입금지 조치 후 관리감독기관에 통보	법 제16조 제5항			
관리감독기관 보완명령	법 제17조의2제3항에 따른 필요한 조치를 하지 않거나 같은 조 제5항에 따른 관리감독기관의 장의 명령을 따르지 않은 경우	법 제31조 제1항 제1호	250	350	500

구분	주요 내용	근거 법조문	벌칙 및 과태료		
			1차	2차	3차
이용금지 안전진단 실시	법 제21조제1항을 위반하여 보험에 가입하지 않은 경우	법 제31조 제1항제2호	250	350	500
물놀이형시설 안전요원 배치	법 제22조제1항을 위반하여 통보를 하지 않은 경우	법 제31조 제1항제3호	250	350	500
관리감독기관 시설개선명령	법 제17조의2제3항에 따른 필요한 조치를 하지 않거나 같은 조 제5항에 따른 관리 감독기관의 장의 명령을 따르지 않은 경우	법 제31조 제1항제4호	250	350	500
보험가입	법 제21조제1항을 위반하여 보험에 가입하지 않은 경우	법 제31조 제1항제5호	250	350	500
중대사고 조치 및 보고	법 제22조제1항을 위반하여 통보를 하지 않은 경우	법 제31조 제1항제6호	250	350	500
안전점검	법 제15조제1항을 위반하여 안전점검을 실시하지 않은 경우	법 제31조 제2항제1호	150	200	300
안전점검 · 안전진단 결과 보관	법 제17조제1항을 위반하여 안전점검 및 안전 진단을 실시한 결과를 기록 · 보관하지 않은 경우	법 제31조 제2항제2호	150	200	300
행위제한 행위 중지 명령	법 제17조의3제2항에 따른 관리감독기관의 장의 조치 명령을 따르지 않은 경우	법 제31조 제2항제3호	150	200	300
안전교육	법 제20조제1항을 위반하여 안전교육을 받도록 하지 않은 경우	법 제31조 제2항제4호	150	200	300
자료제출 · 보고	법 제23조에 따른 보고 · 검사 또는 질문에 대한 답변을 거부 · 방해 또는 기피한 경우	법 제31조 제3항	100	150	200

3. 어린이활동공간

 '어린이활동공간'이란 어린이놀이시설(학교 및 아파트 놀이터 등), 어린이집 등 영유아 보육시설, 유치원, 초등학교, 키즈카페 등 어린이가 주로 활동하거나 머무르는 공간을 말한다.[8] 전국에 운영 중인 어린이활동공간은 2021년 9월 기준 약 13만 3,870개소이며, 이 중 환경부 환경안심인증*을 받은 어린이활동공간은 1,472개소이다.

 '어린이활동공간 인증제도'는 어린이가 활동하는 공간의 환경안전 규정 준수 및 관리 수준에 대한 인증을 통해 환경안전관리 강화를 도모하기 위하여 '어린이활동공간 안심인증사업'을 실시하고 있다.

‖ 어린이활동공간 환경안심인증 운영절차 9 ‖

 이 사업의 주요 내용은 「영유아보육법」, 「유아교육법」에 따라 현재 운영 중인 모든 어린이집 보육실 및 유치원 교실과 「어린이놀이시설안전관리법」에 근거한 어린이놀이시설을 대상으로 환경안전관리 기준 및 실내공기질 기준, 석면건축물이 아니며 최근 3년간 행정처분 사항이 없는 시설 등 환경안전관리기준, 실내공기질기준, 석면기준, 행정처분 여부 등 4개 분야 11개 항목의 기준에 따라 인증제를 실시하고 있다. 이를 통하여 인증기준 적합 시 환경부장관 명의 유효기간

---

* 환경 관련 법의 안전기준을 준수하는 어린이활동공간에 대해 환경적으로 안전하다고 인정하는 제도를 말한다.

3년인 인증서를 발급하고 해당 시설에 대한 대국민 홍보를 실시할 수 있다.

4. 어린이보호구역

어린이보호구역이란 교통사고의 위험으로부터 어린이를 보호하고 안전한 통학공간을 확보하기 위하여 초등학교장 등의 신청으로 지방자치단체가 초등학교, 유치원, 어린이집, 학원, 특수학교, 외국인학교, 대안학교, 국제학교 등 만 13세 미만 어린이시설 주변도로 가운데 일성구산을 어린이보호구역으로 시정하여 교통안전시설물 및 도로부속물을 설치하고 관리하는 제도이며 이를 스쿨존(School Zone)이라고도 부른다. 이 제도는 「도로교통법」 제12조에 근거하고 있으며 설치해야 하는 장소는 다음과 같다.

어린이보호구역 설치 장소
- 「유아교육법」 제2조에 따른 유치원, 「초 · 중등교육법」 제38조 및 제55조에 따른 초등학교, 특수학교
- 「영유아보육법」 제10조에 따른 어린이집 가운데 행정안전부령으로 정하는 어린이집
- 「학원의 설립 · 운영 및 과외교습에 관한 법률」 제2조에 따른 학원 가운데 행정안전부령으로 정하는 학원
- 「초 · 중등교육법」 제60조의2 또는 제60조의3에 따른 외국인학교 또는 대안학교, 「제주특별자치도 설치 및 국제자유도시 조성을 위한 특별법」 제223조에 따른 국제학교 및 「경제자유구역 및 제주국제자유도시의 외국교육기관 설립 · 운영에 관한 특별법」 제2조제2호에 따른 외국교육기관 중 유치원, 초등학교 교과과정이 있는 학교

어린이보호구역 내의 조치사항은 통행의 금지·제한, 주·정차 금지, 속도 제한 등이 있으며 경찰에 의하여 관리된다. 어린이보호구역의 지정신청은 초등학교장 등이 관할 지방경찰청장이나 지역 경찰서장에게 할 수 있다.

어린이보호구역으로 지정되면 신호기, 안전표지 등 도로부속물을 설치할 수 있으며 또한 어린이보호구역으로 지정된 구역에서는 해당 구역에 속한 도로에 노상주차장을 설치할 수 없다.

어린이보호구역에서는 교통법규 위반 시 과태료, 범칙금, 벌점을 기존에 비해 2배로 부과하며 휴일과 공휴일에 관계없이 오전 8시부터 오후 8시까지 매일 적용된다. 어린이보호구역에서는 어린이 보호의무가 있으며 교통사고 발생 시 「교통사고처리 특례법」, 「특정범죄 가중처벌 등에 관한 법률」에 의해 가중 처벌된다.

▼ 어린이보호구역 지정현황 10

구분	2016년	2017년	2018년	2019년	2020년	2021년
어린이 보호구역 지정개수	16,355	16,555	16,765	16,912	16,896	16,759
초등학교	6,083	6,127	6,146	6,191	6,229	6,261
유치원	7,171	7,259	7,315	7,330	7,184	6,988
특수학교	148	150	160	163	183	190
어린이집	2,917	2,981	3,108	3,181	3,220	3,233
학원	36	38	36	47	80	87

5. 청소년시설

청소년시설은 「청소년 기본법」 제3조에 청소년활동 · 청소년복지 및 청소년보호에 제공되는 시설로 정의하고 있으며, 「청소년활동 진흥법」 제10조에서의 청소년활동시설은 청소년수련활동, 교류활동, 문화활동 등 청소년활동에 제공되는 시설로, 종류로는 청소년수련시설과 청소년이용시설로 구분하고 있다. 이러한 시설은 국가와 지방자치단체는 물론 법인, 단체 또는 개인 등의 민간 분야도 활동시설의 설치와 운영이 가능하지만, 민간의 경우에는 시 · 군 · 구청장의 허가를 받아야 설치 및 운영이 가능하다.

1) 청소년수련시설

청소년수련시설은 지역을 거점으로 청소년들이 지역(마을)에서 행복하게 성장하고 자신의 미래를 당당하게 준비할 수 있도록 지원하는 청소년 전용시설로 수련활동에 필요한 여러 시설, 설비, 프로그램을 갖추고 청소년지도자의 지도하에 체계적이고 조직적인 수련활동을 실시하는 시설을 말한다. 이 시설은 기능, 수련활동, 입지적 여건 등에 따라 다양한 유형으로 구분되며 이전에는 생활권 수련시설(청소년수련관, 청소년문화의 집), 자연권 수련시설(청소년수련원, 청소년야영장), 유스호스텔로 구분되어 왔으나, 2005년부터는 청소년수련관, 청소년수련원, 청소년문화의집, 청소년특화시설, 청소년야영장, 유스호스텔로 구분되었다.

청소년수련시설에 대한 변천과정을 살펴보면 「청소년육성법」 이전인 1960~1970년대는 교육청 소관 학생회관과 내무부 소관의 청소년회관, 민간단체의 야영장 및 민간 유스호스텔 등이 있었으며

1980년대는 내무부의 자연학습원과 심신수련장, 노동부의 근로청소년회관 등이 있었다. 1987~1991년까지의 시기에는 「청소년육성법」이 제정되고 기존의 청소년수련시설인 청소년회관, 청소년사업관, 학생회관, 근로청소년회관 등을 총괄하는 청소년회관의 개념을 활용하였다. 1993~1997년까지의 시기는 「청소년 기본법」 제정에 따라 청소년수련시설을 생활권수련시설('청소년수련원', '청소년수련관', '청소년수련실')과 자연권수련시설('청소년수련마을', '청소년수련의집', '청소년야영장'), 유스호스텔로 구분하였다.

▼ 청소년수련시설 현황 11

구분	내용
청소년 수련관	• 다양한 수련 거리를 실시할 수 있는 각종 시설 및 설비를 갖춘 종합수련시설 • 입지조건은 일상생활권, 도심지 근교 및 그 밖의 지역 중 수련활동 실시에 적합한 곳으로서 청소년이 이용하기에 편리한 지역 • 시설은 연건축면적이 1,500m² 이상이어야 하며, 둘째 150인 이상을 수용할 수 있는 실내집회장, 연면적 150m² 이상의 실내체육 시설, 2개소 이상의 자치활동실, 2개 이상의 특성화 수련활동장, 1개소 이상의 상담실, 1개소 이상 휴게실, 1개소 이상 지도자실이 필수 • 시·도지사 및 시장·군수·구청장은 시·군·구에 1개소 이상씩의 청소년수련관을 설치·운영해야 함(「청소년활동진흥법」 제11조)
청소년 수련원	• 숙박기능을 갖춘 생활관과 다양한 수련거리를 실시할 수 있는 각종 시설과 설비를 갖춘 종합수련시설 • 입지는 자연경관이 수려한 지역, 국립·도립·군립공원, 그 밖의 지역 중 자연과 더불어 행하는 수련활동 실시에 적합한 곳으로서 청소년이 이용하기에 편리한 지역 • 시설기준으로 100명 이상을 수용할 수 있는 생활관, 식당, 실내집회장, 야외집회장, 체육활동장, 수련의 숲, 강의실, 특성화 수련활동장, 지도자실, 휴게실, 비상설비, 기타 시설 등을 설치

구분	내용
청소년 수련원	• 기본적인 기능은 청소년들에게 자연과 더불어 숙박을 하며 단체 수련활동을 제공하는 것
청소년 문화의집	• 간단한 수련활동을 실시할 수 있는 시설 및 설비를 갖춘 정보 · 문화 · 예술 중심의 수련시설 • 다양한 유형의 청소년수련시설 중 가장 작은 규모의 시설로 지역사회에 가장 근접한 지역에 위치하며 청소년들이 일상적으로 이용할 수 있는 시설 • 시 · 도지사 및 시장 · 군수 · 구청장은 읍 · 면 · 동에 청소년문화의집을 1개소 이상 설치 · 운영해야 함(「청소년활동 진흥법」 제11조)
청소년 특화시설	• 청소년의 직업체험 · 문화예술 · 과학정보 · 환경 등 특정 목적의 청소년활동을 전문적으로 실시할 수 있는 시설과 설비를 갖춘 수련시설 • 입지조건은 일상생활권, 도심지 근교 및 그 밖의 지역 중 수련활동 실시에 적합한 곳으로서 청소년이 이용하기에 편리한 지역 • 사례로는 청소년문화교류센터, 청소년미디어센터, 청소년 직업체험센터 등
청소년 야영장	• 야영에 적합한 시설 및 설비를 갖추고 수련 거리 또는 야영 편의를 제공하는 수련시설 • 입지조건은 자연경관이 수려한 지역, 국립 · 도립 · 군립공원, 그 밖의 지역 중 자연과 더불어 행하는 수련활동 실시에 적합한 곳으로서 청소년이 이용하기에 편리한 지역
유스 호스텔	• 청소년의 숙박 및 체류에 적합한 시설 · 설비와 부대 · 편익시설을 갖추고, 숙식편의 제공, 여행청소년의 활동지원(청소년수련활동 지원은 제11조에 따라 허가된 시설 · 설비의 범위에 한정한다)을 기능으로 하는 시설(2014. 7. 22. 시행) • 입지조건은 명승고적지, 역사유적지 부근 및 그 밖의 지역 중 청소년이 여행활동 시 이용하기에 편리한 지역

2) 청소년이용시설

「청소년활동 진흥법」에 따르면, 청소년이용시설은 문화 · 예술시설, 과학관, 공공체육시설처럼 수련시설이 아닌 시설로서 그 설치 목적의 범위에서 청소년활동의 실시와 청소년의 건전한 이용 등에 제공할 수 있는 시설로 명시되어 있다.

청소년이용시설 중 '문화 · 예술시설'은 청소년들이 정서 함양을 위해 국가가 건립한 문화예술시설로 대표적인 시설은 국립중앙극장, 국립중앙박물관, 국립현대미술관, 국립국악원 등이 있으며 각 지역별로 박물관, 미술관, 도서관 등과 공연시설, 전시시설, 도서시설, 지역문화복지시설, 문화보급전수시설 등이 있다. '과학관'은 대표적인 시설로 국립중앙과학관과 국립서울과학관이 있으며, 특히 국립중앙과학관은 약 4,100여 점의 전시품과 천체관, 탐구관, 특별전시관, 영화관, 야외전시장 등을 갖추고 있다. '체육관'은 정부가 지원하고 있는 시 · 군 · 구 기본체육시설, 마을단위 생활체육시설, 공공체육시설, 국민체육센터, 생활체육공원, 동네운동장, 길거리 농구대 등이 있다. 최근에는 사설체육시설도 다양한 종류로 발생하고 있다.

어린이와 청소년의
안전문화활동

1. 안전문화활동의 이해

안전문화는 안전에 관한 관심과 활동이 지속되는 과정에서 안전에 대한 국민의 태도·관행·의식이 체질화된 총체적 결과를 말한다. 안전문화를 조성하는 것은 그 나라의 안전성을 한 단계 올리는 것으로 매우 중요한 과정이다. 이에 우리나라는 안전문화활동에 대한 법적 근거를 마련하여 국민의 안전의식을 높이고 안전문화를 진흥시키기 위한 노력을 하고 있다.

안전문화활동은 「재난 및 안전관리 기본법」 제3조의9 제2항에 근거하여 안전교육, 안전훈련, 홍보 등을 통하여 안전에 관한 가치와 인식을 높이고 안전을 생활화하도록 하는 등 재난이나 그 밖의 각종 사고로부터 안전한 사회를 만들어가기 위한 활동을 말한다. 안전문화

활동의 종류를 살펴보면 '안전교육 및 안전훈련'(응급상황 시의 대처요령 포함), '안전의식을 높이기 위한 캠페인 및 홍보', '안전행동요령, 기준, 절차 등에 관한 지침 개발 및 보급', '안전문화 우수사례의 발굴 및 확산', '안전 관련 통계 현황의 관리 · 활용 및 공개', '안전에 관한 각종 조사 및 분석', '안전취약계층의 안전관리 강화' 등이 있다.

행정안전부장관은 안전문화활동의 추진에 관한 총괄 · 조정 업무를 관장하며 지방자치단체의 장은 지역 내 안전문화활동에 주민이 참여할 수 있는 제도를 마련하여 시행할 수 있도록 하였다. 국가와 지방자치단체는 국민이 안전문화를 실천하고 체험할 수 있는 안전체험시설을 설치 및 운영할 수 있고 지방자치단체 또는 그 밖의 기관 · 단체에서 추진하는 안전문화활동을 위하여 필요한 예산을 지원할 수 있도록 명시하고 있다.

이러한 안전문화활동은 '국민안전의 날', '안전점검의 날', '방재의 날' 등 각종 안전의 날에 실시하고 있다. '국민안전의 날'은 세월호 침몰사고를 계기로 제정되어 매년 4월 16일로 지정되었고, '안전점검의 날'은 매월 4일, '방재의 날'은 매년 5월 25일로 지정되어 있다. 이 날은 1995년 「자연재해대책법」에 명시되어 있다가 2004년 「재난 및 안전관리 기본법」 제정 후 이관되었다.

또한 우리나라는 계절별 발생할 수 있는 재난에 대비하여 위험요소 점검 · 정비 등 각종 예방 활동을 실시하고 있다. 봄, 가을철에는 산불, 미세먼지 등에 대한 예방활동을, 여름철에는 태풍, 집중호우, 산사태, 폭염 등에 대한 예방활동을 실시하고 있으며 겨울에는 폭설 등에 대한 예방활동을 실시하고 있다.

2. 어린이와 청소년의 안전문화활동

1) 안전문화활동

지방자치단체, 공공기관 등은 지역 주민을 위해 다양한 안전문화활동을 수행하고 있다.

광주광역시는 시민의 재산과 생명을 보호하고 안전한 삶의 중심 가치로 정착되게 하기 위하여 전 시민이 참여하고 실천하는 '안전문화 3·3·3 운동'을 추진하였다. 이를 통하여 코로나19에 완벽하게 대응하고 안전혁신을 통한 안전문화를 전 시민에게 확산하기 위한 노력을 기울였다.

안전문화 3·3·3 운동이란 가정, 학교, 직장의 모든 시민이 안선 의식 및 행동을 습득하고 안전점검, 안전신고를 통해 안전생활을 습관화하여 안전한 사회를 만들기 위한 운동으로, 행정기관에서는 안전실천 분위기 조성을 위해 홍보, 지원, 단속을 실시한다. 3대 주체는

‖ 광주광역시 안전문화 3·3·3 실천운동 12 ‖

가정, 학교, 직장이고 3대 수단은 안전교육, 안전점검, 안전신고이며 3대 행정력은 홍보, 지원, 단속이다. 이러한 안전문화활동으로 안전 의식 확산과 국제안전도시 붐 조성을 위해 교통분야, 자살분야, 산업 안전분야별 대한민국, (안전)하자 영상 캠페인을 전개하였다. KBS광 주 1TV, 2TV를 통해 총 140회의 교통안전, 자살 예방, 산업안전(추락 사고) 홍보영상 송출로 분야별 사고를 예방, '안전도시! 광주 조성'에 기여하였다.

또한 광주광역시는 '문화'와 '안전'이 함께하는 민·관 협업 융합형 시민 안전체험 행사를 총 8회 추진하여 개최하였고 총 누적 인원은 4,570여 명으로 9개의 안전 관련 단체 및 기관이 함께 재난안전체험 부스 운영, 어린이안전문화 동요대회, 안전 골든벨대회 등의 안전 체험행사를 개최하여 안전의식 확산 및 홍보활동에 기여하였다.

경상남도 거창군도 군민이 행복한 안전도시 건설을 위하여 뮤지컬 식품안전교육, 교통안전 UCC 공모전 추진 등을 통하여 안전문화를

‖ 광주광역시 어린이·청소년 안전활동 13 ‖

확산하기 위한 노력을 실시하고 있다.

코로나19 확산방지 등 안전문화 확산 대면·비대면 캠페인을 추진하였으며, 특히 2020년 한해에만 심폐소생술 및 응급처치 교육, 청소년 자살예방 교육, 어린이 자전거 안전교실, 찾아가는 농기계 안전교육, 배달업체 이륜차 안전교육 등 각종 안전교육을 실시하여 생애주기 6대 분야에서 주민 5,956명이 안전교육을 이수하였다.

2) 안전홍보활동

안전홍보활동은 기관별 특성에 따라 다양하게 활동하고 있다. 대표적인 홍보활동을 살펴보면 광고, 배너, 캠페인, 포스터 등 시민들이 쉽게 볼 수 있는 곳에 설치하여 다양한 활동을 실시하며, 특히 시기별 재난에 대한 예방, 대처요령, 재난역사, 재난연표 등을 각종 사진과

‖ 어린이 교통안전 캠페인 14 ‖

‖ 어린이안전 캠페인 홍보 포스터 15 ‖

‖ 재난 달력 16 ‖

‖ 신문, 방송 등 언론매체와 공단 SNS, 종합정보지 〈신호등〉을 통한
도로교통안전 홍보 17 ‖

함께 달력으로 제작하여 홍보 및 배포하는 등 적극적으로 활용하고
있다.

또한 최근에는 페이스북, 인스타그램, 유튜브, 카카오톡 등을 통하
여 국민에게 전달하는 안전홍보활동을 실시하고 있으며 안전에 대한
홍보사진 및 영상을 배포하여 국민의 안전의식을 함양시키고 있다.

어린이의 안전을 위해 다양한 캠페인 등의 홍보활동을 실시하며
정부, 지역자원봉사자, 민간기업 등에서 안전캠페인을 실시하여 안
전의식을 고취시키기 위한 노력을 실시하고 있다.

도로교통안전공단에서는 생활밀착형 홍보 활동으로 대국민 교통
안전 의식을 함양시키기 위해 옥외 전광판(LED), 도로전광표지판
(VMS), 버스운행정보시스템(BIS), 지하철 모니터, 기타 시설물을 활용
한 교통안전 홍보 영상과 문구 송출 등 다양한 활동을 실시하고 있다.

3) 어린이와 청소년의 안전문화 행사

안전문화 축제에는 캠페인, 뮤지컬 등 다양한 행사가 있다. 이는 흥
미와 안전에 대한 교훈을 함께 줄 수 있는 수단으로 어린이, 청소년 등
의 관심도가 높아 다양한 기관에서 안전문화 행사를 진행하고 있다.

도로교통공단에서는 교통사고를 줄이기 위하여 한마음 대회 등 다

‖ 도로교통공단 교통사고 줄이기 한마음 대회 행사 18 ‖

양한 교통안전 행사를 매년 개최하고 있다. 이는 경찰청, 유관기관, 민간기업과의 협업을 통한 대국민 교통안전 행사로서, 교통사고 줄이기 한마음 대회(5월), 스쿨존(3월)·어르신(10월) 교통사고 ZERO 캠페인 등을 실시하고 있다.

지방자치단체는 극단과 연계하여 어린이를 대상으로 흥미와 안전에 대한 교훈을 주기 위해 어린이안전 뮤지컬 '출동 마법경찰 매직

‖ 어린이 청소년 안전 뮤지컬 19 ‖

캅', 재난안전교육 뮤지컬 '우리는 최고의 안전대장-긴급출동 삐뽀삐뽀' 등을 실시하고 있다.

4) 어린이와 청소년시설의 안전점검

어린이와 청소년이 이용하는 시설은 다양하게 존재한다. 그러나 이러한 시설이 노후화, 관리 부재 등의 다양한 이유로 어린이와 청소년에게 위협이 될 수 있다. 이에 어린이와 청소년이 이용하는 시설에서 안전한 활동을 하기 위해 각종 시설에 대한 안전점검을 지속적으로 수행하여 위험요소를 사전에 점검하고 안전성을 확보해야 한다. 이러한 점검에 대한 내용은 각종 법률에 명시되어 있다.

먼저, 「교육시설 등의 안전 및 유지관리 등에 관한 법률」을 살펴보면 교육시설의 장은 교육시설을 안전하게 유지관리하기 위하여 안전점검 등에 관한 지침에 따라 연 2회 이상 안전점검을 실시해야 한다고 명시하고 있다. 안전점검을 실시한 교육시설의 장은 그 결과에 관한 보고서를 작성하여 감독기관의 장에게 제출하고, 교육부령으로 정하는 기간 동안 보존해야 하며 감독기관의 장은 안전점검 결과 보고서를 교육부장관에게 제출해야 한다. 교육시설의 장은 직접 안전점검을 실시할 수 없는 경우에는 「시설물의 안전 및 유지관리에 관한 특별법」에 따라 등록한 안전진단전문기관 또는 「건설산업기본법」상 시설물의 유지관리를 업종으로 등록한 건설업자에게 안전점검을 위탁할 수 있다. 또한 「시설물의 안전 및 유지관리에 관한 특별법」 제11조에 따라 안전점검을 실시한 교육시설은 이 법에 따른 안전점검을 실시한 것으로 본다. 중복으로 실시할 필요는 없는 것이다.

청소년수련시설은 「청소년활동 진흥법」 제18조의3(감독기관의 종합 안전·위생점검) 및 동 시행령 제10조(수련시설 안전점검)에 근거하여 안전한 청소년활동 현장 조성을 위하여 전국 청소년수련시설의 안전 전반 및 위험 요인에 대한 점검하는 사업인 청소년수련시설 종합 안전 · 위생점검을 실시하고 있으며 점검 결과는 청소년, 학부모, 교사 등이 청소년수련시설 종합 안전 · 위생점검 등급을 쉽게 확인할 수 있도록 청소년활동정보서비스(e청소년)에 공개할 수 있다. 육상레저스포츠시설의 안전점검을 통한 이용자의 지속적인 안전성 확보 및 선제적 재난예방을 위해 실시하는 안전점검은 「산림문화 · 휴양에 관한 법률」 제16조의2(자연휴양림의 안전관리 등) 동 시행령 제7조의2(자연휴양림의 안전관리 등)에 근거하여 실시할 수 있다. 체육시설의 안전점검을 통한 안전관리의 체계성 확립 및 이용자의 지속적인 안전성 확보, 선제적 재난예방을 위해 실시하는 안전점검은 「체육시설의 설치 · 이용에 관한 법률」 제4조의3(체육시설 안전점검)에 근거하여 실시할 수 있다.

Chapter 7

우리나라
어린이와 청소년의
안전교육 및 훈련

재난안전교육과 훈련

우리나라는 도시화, 산업의 고도화와 과학 기술의 급진적인 발달에 따라 급속한 경제 성장을 이루었지만 1994년 성수대교 붕괴, 1995년 삼풍백화점 붕괴, 2002년 태풍 루사, 2003년 대구 지하철 화재, 2005년 강원도 양양·낙산사 산불, 2007년 태안 허베이스피리트호 유류유출사고, 2009년 신종인플루엔자, 2011년 중부지방 집중호우·우면산 산사태, 2012년 구미(㈜휴브글로벌) 불산가스 누출사고, 2014년 세월호 침몰 사고, 2015년 메르스 사태, 2016년 경주 지진, 2017년 포항 지진, 2019년 강원 동해안 산불, 2019년 코로나19, 2022년 이태원 압사 사고 등 수많은 참사를 겪었다. 이러한 참사는 우리나라 사회의 고질적인 병폐인 안전 불감증과 그동안 재난안전교육 및 훈련이 미흡하여 체계적으로 이루어지지 못하였다는 것의 반증이다.

과거에 발생한 재난사례를 보듯이 재난안전은 우리 생활 및 생명과 밀접한 관련이 있기 때문에 안전하게 생활하기 위해 매우 중요한 부분이다. 각종 재난 및 안전사고를 사전에 예방하고 피해를 최소화하기 위해서는 안전교육과 훈련으로 안전에 관한 지식, 기술, 태도, 습관 등의 교육을 통해 익힐 수 있도록 훈련을 실시해야 한다.

특히, 재난안전교육은 교육이라는 수단으로 어린이와 청소년에게 스스로 위험으로부터 자신을 보호할 수 있는 안전에 대한 지식, 기능, 태도 등을 익히게 하여 건강하고 안전한 생활을 영위하도록 함이므로 궁극적으로는 자신을 보호하고 타인의 생명을 존중하는 인간 개개인의 존엄을 배우는 교육이라고 할 수 있다. 어린이와 청소년은 자기 조절 능력이나 위험 상황을 잘 인식하지 못하여 각종 안전사고에 노출되기 쉬우므로 재난안전교육은 사고를 사전에 방지하고 재난이 발생하였을 경우 피해를 최소화하는 데 초점을 맞추어야 한다. 또한 생명의 존엄성을 바탕으로 어린이와 청소년들이 스스로를 보호할 수 있는 대처 능력을 기르며 주위 환경의 잠재 위험을 발견하고 제거할 수 있는 생활 태도를 기르는 데 목표를 둔다. 이처럼 효율적인 재난안전교육은 지식적 측면, 기능적 측면, 가치 태도적 측면 등 3가지 측면으로 나누어 접근할 수 있다.

'지식적 측면'은 재난안전에 관한 지식을 탐구하는 것이고, '기능적 측면'은 재난 및 안전사고로부터 자신을 보호하고 대처하는 능력이며, '가치 태도적 측면'은 잠재적 위험요소를 해결하는 합리적인 생활 태도를 말한다. 그중 '기능적 측면'은 학습자가 스스로 행동으로 실천하는 데 그 목적을 두며 개인이 동일한 내용을 반복하여 시행착오를 겪으면서 점차 그 사람에게 형성되는 것이다. 이에 교육 내용은 구체적인 상황을 의도적으로 계획하여 습관화되도록 지도함으로써 개인의 자유 의지로 실천할 수 있도록 해야 한다.

구분	내용
지식 이해적 측면	재난안전에 관한 지식 탐구
기능적 측면	• 재난 및 안전사고로부터 자신을 보호하고 대처하는 능력 • 학습자가 스스로 행동으로 실천하는 데 그 목적을 두며 동일한 내용을 반복하여 개인이 시행착오를 겪으면서 점차 사람에게 형성되는 것 • 구체적인 상황을 고려하여 의도적으로 계획하여 습관화되도록 지도함
가치 태도적 측면	잠재적 위험요소를 해결하는 합리적인 생활 태도

이처럼 재난안전교육은 안전에 대한 지식 이해석, 기능적, 가치 태도의 3가지 항목을 병행하여 실시할 필요가 있다. 이 3가지 교육 중 어느 하나에만 중점을 둘 것이 아니라 단계적으로 실시해야 하며 지식, 기능, 태도가 균형을 이루어 종합적으로 이루어질 때 어린이와 청소년은 스스로 자신을 지킬 수 있도록 안전에 대한 바른 생활 습관과 태도를 형성시켜 주는 일을 할 수 있을 것이다. 즉, 최종목표인 '생명의 존엄성을 바탕으로 안전한 일상생활'을 이룰 수 있을 것이다.[1]

1. 어린이와 청소년의 재난안전교육

재난안전교육은 국민이 안전에 대한 중요성을 인식하고 각종 재난 및 안전사고 발생 시 이에 효과적으로 대처할 수 있도록 안전에 대한 지식이나 기능을 습득하는 교육을 말한다.[2] 어린이와 청소년 관련 분야에서 재난안전교육을 실시하고는 있지만 주무부서인 행정안전부에서 재난안전에 관한 다양한 대책을 주로 수립하고 있다.

　행정안전부(구 국민안전처)는 생애주기별 안전교육을 효과적으로 제공하기 위해 생애주기별 안전교육지도(KASEM : Korean Age-specific Safety Education Map)를 마련하여 영유아부터 노인에 이르기까지 필요한 안전교육을 생애주기 및 안전분야별로 제시하고 있다. 생애주기별 안전교육은 개인이 성장단계별 특성에 따라 갖추어야 할 안전역량을 충족할 수 있도록 분야별 안전교육을 제공하는 것을 의미한다. 안전분야는 생활안전, 교통안전, 자연재난안전, 사회기반체계안전, 범죄안전, 보건안전 등 6대 분야에서 23개 중분류, 68개 소분류로 분류되어 수행할 수 있다.

‖ 생애주기별 안전교육 지도 (KASEM : Korean Age-specific
Safety Education Map) 3 ‖

영유아, 아동기 등의 경우에는 보호자의 역할도 중요하기 때문에 '생애주기별 안전교육지도'뿐만 아니라 '보호자를 위한 안전교육지도'도 제작하여 함께 배포하고 있다. 여기서 보호자는 국내 관련 법에 근거하여 독립적인 자기방어가 어려운 계층(영유아, 아동, 노인, 장애인 등)을 보호하는 자로 정의하고 있다.

생애주기(Life Cycle)는 일반적으로 시간의 흐름에 따라 변화해 가는 개인 생애의 일정한 단계별 과정으로 정의하고 있다. 생애주기의 구분은 국내·외, 부처별로 조금씩 다르며 세계보건기구(WHO) 국제안전도시 사업기준은 아동기-청소년기-성인기-노인기로 구분하고 있으나 우리나라에서는 안전 실천에 영향을 미치는 역량의 변화, 발전에 따라 영유아기-아동기-청소년기-청년기-성인기-노인기로 구분하고 있다. 영유아기는 0~5세로 '안전교육 의존기'라 하며 아동

"보호자"를 위한 안전교육 지도

국내 관련법은 독립적인 자기방어가 어려운 계층(영유아, 아동, 노인, 장애인 등)을 보호하는 자를 '보호자'로 정의함

분야	영역	세부영역	영유아기 0~5세 안전교육 의존기	아동기 6~12세 안전교육 준비기	노년기 65세~ 안전교육 유지기	장애인 시각❶ 청각❷ 지체❸ 장애
생활안전 ❶	시설안전	1 다중이용시설(공연장, 쇼핑몰, 대합실 등) 안전 2 승강기 안전 3 낙상예방 4 놀이시설 안전	안전하게 영유아와 동행하기 위험인지 교육 문끼임 사고 예방 영유아 승강기사고 예방	안전하게 아동과 동행하기 아동 승강기사고 예방 놀이시설 사고예방	안전하게 노인과 동행하기 넘어짐·추락·미끄러짐 예방 환경 조성	❶❹ 승강기 점자/비상벨 사용 교육 참여 ❶❺ 정지맥락·방향시 음향시스템을 이용한 대피별 찾기 훈련 참여 ❶❻ 대피유도등을 이용한 대피별 찾기 훈련 참여
	화재안전	1 화재예방 2 화재대피 3 화재진압	영유아 화재대피 훈련 참여 가정용 소화기 비치 화재 위험 인지 지도	가정내 화재예방 지도 가정용 소화기 작동법 지도	화재경보장치 설치 및 관리 화재 대피 시 동행	❶❼ 화재 인지까지 별도 알림교육 ❶❽ 시각경보장치 (비상 등)별을 정기 대피훈련 참여 ❷❾ 안내견을 동행한 정기 대피 훈련 참여 지력대피 훈련 참여
	전기가스안전	1 전기안전 2 가스안전	감전 위험 인지 교육 전기·가스 안전장치 설치	안전한 전기 사용 지도 안전한 가스 사용 지도	전기사고감전·누전 예방 위험시 가정용 가스 차단 요령	❷❶ 가스누출 감지장치 이용 훈련 참여 ❷❷ 가스누출 시각경보 이용 훈련 참여
	직업안전	1 도구사용 안전 2 제품사용 안전 3 실험·실습실 안전 4 작업환경 안전	가전제품 및 위험도구 관리 작업환경위험인지교육	안전한 도구사용 지도 안전한 제품사용 지도 실험실습실 사용 지도 작업환경 안전 지도	노인의 도구사용 관리 노인의 제품사용 관리	❷❸ 가사활동 위험요소 점검 ❷❹ 이동 및 활동 장애 요소 점검
	여가활동안전	1 물놀이안전 2 수상안전 3 캠핑안전 4 스포츠안전 5 해외여행 안전	수상구조 이유물놀이 시 안전 확보 장난감 놀이 안전 지도 반려동물 안전 관리	아동 놀이안전 지도 아동 수상안전 지도 아동 캠핑안전 지도 안전한 해외여행 지도	노년기 여가활동과 안전관리 노년기 맞춤형 스포츠와 안전관리	❷❺ 119신고용 단축번호 저장하기 ❷❻ 119신고용 문자메시지 저장하기

지원부처 연락처

‖ 보호자를 위한 안전교육지도 4 ‖

구분	내용
영유아기 0~5세 (안전교육 의존기)	• 신체적 변화와 발달이 가장 왕성한 시기이나 신체적·정신적 미성숙으로 '보호자'에게 절대적으로 의존 • 새로운 상황에의 적응능력, 응급상황에 대한 대처와 판단능력의 미숙 • 보호자의 안전교육을 신뢰하고 모방하는 행동이 나타나므로 보호자를 대상으로 한 안전교육 필요
아동기 6~12세 (안전교육 준비기)	• 행동의 허용기준을 배우며 이 기준에 따라서 행동하고 기준과 원칙을 어길 때 죄책감을 느낌 • 또래집단을 형성하여 사회적 상호작용을 시작하는 시기이므로 부모에게 의존해오던 안전교육을 학교라는 사회집단을 통해 구체화시킴 • 학교에서 아동의 안전교육이 좀 더 성장할 수 있도록 준비시키는 과정 필요
청소년기 13~18세 (안전교육 성숙기)	• 청소년은 만 19세 미만으로서, 아동기에서 성인기로 이행되는 시기이며 생물학적으로도 성숙하는 시기 • 집단 및 개인 정체성이 발달하고 사건의 시작과 결과의 연관성을 생각하는 과학적 사고와 논리적 사고 역량이 증가 • 소속 집단의 규범을 이해하고 자신의 가치관에 대해 신념을 갖고 행동할 수 있어 아동기 안전개념이 좀 더 성숙될 수 있음
청년기 19~29세 (안전교육 독립기)	• 가족 이외의 다른 사람과 어울리며 예의를 익히고 사회적 기술을 터득함으로써 사회적 집단의 일원으로 독립하는 시기 • 자율성을 획득하고 심신의 성숙이 안정되는 시기, 사회적 책임과 수행에 대한 열정이 풍만하여 안전에 대한 스스로의 책임과 의무를 중요하게 생각 • 가족과 사회의 구성원으로서 안전을 스스로 실천하며 타인에게 교육시킬 수 있는 자기주도적 안전교육 필요

구분	내용
성인기 30~64세 (안전교육 확대기/ 성찰기)	• 자신의 정체감을 확립하고 직업을 결정하며 결혼과 함께 자녀를 양육하는 시기 • 자기만의 독립된 안전수칙과 축적된 학습경험을 지역사회 및 가정으로 확대하여 교육하고 실천할 수 있음 • 과거 삶을 돌아보며 성찰하는 시기로 미래를 위해 긍정적 유산을 남기며 자신이 받은 혜택을 사회로 환원함으로써 다음 세대를 선도하려는 특징 • 지금까지의 안전교육에 대한 구체적인 성찰을 수행할 수 있도록 독려하고 칭찬하는 안전교육의 기회 제공 필요
노년기 65세 이상 (안전교육 유지기)	• 자신은 물론 친구나 가족 간 긍정적인 관계를 유지하는 시기 • 인지능력의 변화, 만성질환 등으로 일상생활활동에 제한을 받고 자신을 보호할 수 있는 능력이 감소하여 안전에 대한 취약성이 증가 • 안전에 대한 새로운 교육을 준비하는 것보다 기존의 안전 지식과 실천을 유지할 수 있도록 반복학습 필요

기는 6~12세로 '안전교육 준비기'로 구분된다. 청소년기는 13~18세로 '안전교육 성숙기'로 불리고 청년기는 19~29세로 '안전교육 독립기'라 하며 성인기는 30~64세로 '안전교육 확대기/성찰기'로 구분되고 노년기는 65세 이상으로 '안전교육 유지기'로 불린다.

2. 어린이와 청소년의 재난안전훈련

2011년 3월 동일본 대지진으로 인해 약 2만 명의 사상자가 발생한 가운데 초 · 중등학생 3,000여 명 모두가 생존한 '가마이시 시의 기적'은 우연히 이루어진 것이 아니라 평상시 재난에 대한 경각심에 기반

구분	내용
사전모임	관계기관별* 역할 정리 및 훈련 일정 사전 논의 등
1주 차	재난 개념 이해(UNDRR 프로그램), 재난 유형 선정
2주 차	안전커뮤니티매핑으로 위험요소 조사 및 대피지도 제작
3주 차	훈련 시나리오 작성, 역할체험 모둠**, 유관기관 방문(필요시)
4주 차	모의 · 현장훈련 실시, 결과 보고, 의견 나눔, 설문조사

을 둔 학교의 착실한 훈련과 반복된 연습의 결과였다. 반면, 우리의 아이들은 교사 중심의 주입식 재난안전교육이라는 제한점을 가지고 있어 아이들이 흥미를 가지고 안전지식을 생활화 · 습관화할 수 있는 재난교육을 만들고자 '어린이가 기획하고 실행하는 어린이 재난안전 훈련'을 기획하였다.

어린이 재난안전훈련은 교육부와 행정안전부가 공동으로 전국의 초등학교와 특수학교로부터 희망을 받아 전문가와 프로그램을 지원해 주는 사업이다. 어린 시기부터 자기 주변의 안전 · 위험요인을 파악하고, 재난 발생 시 위험을 회피 · 대처할 수 있는 역량을 향상시키기 위한 목적으로 2016년 2개 학교에서의 시범 실시를 시작으로 계속해서 확대하고 있다.

어린이 재난안전훈련의 가장 큰 특징은 교사들의 안내에 따라 수동적으로 움직이는 훈련에서 벗어나, 훈련의 기획부터 실행까지 교

---

* 학교, 지방자치단체, 교육(지원)청, 안전강사, 소방서, 경찰서 등이 참여하였다.

** 역할체험 모둠을 현행대로 2개 학급 정도 유지하며 타 학급에는 동영상으로 훈련 가이드를 제공한다(영상 수업을 통하여 따라해 보기 수업 진행).

사와 어린이들이 주도적인 역할을 할 수 있도록 설계되어 있다는 점이다. 학교마다 재난안전훈련 전문강사를 파견하여 4주간의 어린이 맞춤형 프로그램을 지원한다. 4주 프로그램은 '우리 주변에서 발생하는 재난의 이해(1주 차)', '우리 주변 위험요소 조사 및 대피지도 제작(2주 차)', '훈련 시나리오 작성과 반별·개인별 역할 분담(3주 차)', '전교생 실제 훈련(4주 차)' 순으로 진행된다.

어린이 재난안전훈련 운영 절차를 살펴보면 사전 기획단계부터 훈련 준비, 현장 훈련, 훈련 평가, 평가결과 환류까지 교직원과 학생이 모두 참여하여 실시하고 있다.

'사전 기획단계'는 훈련준비팀 구성 및 업무를 분장하고 유관기관과의 사전협의를 실시하여 훈련 프로그램 세부계획을 수립한다. '훈련 준비단계'는 현장 훈련을 준비하는 과정으로 재난을 이해하고 안전 및 위험정보 수집, 대피지도 제작, 어린이 비상대책반 구성, 팀별 및 개인별 임무카드 작성, 시나리오 작성 등 전반적인 과정을 수행한다.

'현장 훈련단계'는 대피훈련 사전점검을 하고 이를 바탕으로 대피훈련을 실시하며 대피훈련에 대한 현장평가를 실시한다.

'훈련 평가단계'는 훈련에 대한 토의 및 설문지를 작성하고 대처요령을 복습하는 시간을 가진다.

마지막으로 '평가결과 환류단계'는 훈련준비팀의 평가회의를 통해 훈련 개선사항을 도출하고 보고서 작성 및 제출 단계를 통해 마무리된다.

2022년에는 4~11월까지 특수학교 21개교를 포함한 175개 학교를 대상으로 실시하였다. 이는 전국에 있는 학교를 대상으로 시행계획안을 참고하고 교육청을 통해 참여학교를 모집하였으며 대상학교 확

‖ 어린이 재난안전훈련 운영 흐름도 6 ‖

정 후 교사 및 안전강사 대상 설명회를 개최하였고 코로나19 등으로
인해 영상회의, Q&A, 설명자료 배포 등의 방식으로 실시하였다. 훈
련설계는 담당 교사가 훈련 가이드북, 현장 훈련 시나리오, 타 학교
사례 등을 바탕으로 실시하였으며 담당 교사, 안전 강사진, 관계기관
(소방서 등) 간 협의를 통하여 훈련을 준비하였다. 훈련 진행은 학교
주관으로 재난유형 선정·시나리오 작성 등 4주 프로그램으로 하였
으며 우수한 결과를 도출한 학교는 우수사례 홍보 및 우수기관으로
선정되고 교사 표창 및 포상금을 수여하여 독려하였다.

▼ 어린이 재난안전훈련 프로그램 7

구분	내용	
(1주 차) 우리 주변에서 발생하는 재난의 이해	주변 안전위험요소 학습	Risk Land 보드게임
(2주 차) 학교 위험요소 조사 및 대피경로 작성	안전지도 그리기	재난대응요령 작성
(3주 차) 역할 체험 및 유관기관 방문	역할체험 모둠	이동 체험교실
(4주 차) 모의 · 현장 훈련	불시 대피훈련	모의 훈련

02

학교안전교육과 훈련

1. 학교안전교육

우리나라 학교안전교육은 제3차 교육과정에서부터 실시되었다. 제3차 교육과정에서는 학급 활동, 아동회 활동, 클럽 활동, 학교 행사에서 안전활동을 실시하였으며, 제4차 교육과정에서는 어린이 활동, 클럽 활동, 학교 행사에서 안전지도를 실시하였다. 제5차, 제6차 교육과정에서는 어린이 활동, 클럽 활동, 학교 행사에서 안전 및 방재 활동을 실시하였으며, 제7차 교육과정에서는 특별활동의 행사 활동에서 안전 구호활동을 실시하였다. 2007년 개정 교육과정에서는 35개의 범교과 학습 주제 중에서 안전교육을 포함하였으며, 2009년 개정 교육과정에서는 창의적 체험활동 및 38개의 범교과 학습 주제 중에서 안전교육이 통합교육의 형태로 실시되도록 하였다.

그러나 안전교육에 대한 필요성과 실질적인 효과는 낮았으며 2014년 발생한 세월호 침몰사고로 우리나라 사회 전반에 만연했던 안전 불감증을 각성하고 안전 사회를 구축하는 공감대가 형성되었다. 이에 학교에서도 안전교육을 강화하는 실질적인 정책이 시행되었다. 교육부는 2014년 11월에 생명 존중 및 안전의식을 높이기 위해 '교육 분야 안전 종합대책'을 발표했다. 이는 그간 유치원, 초등학교, 중학교, 고등학교 등 학교 안전교육이 통일된 체계를 갖추지 못한 채 이루어져 안전 사각지대가 발생한다는 지적이 발생함에 따라 후속 조치로 2015년 2월 학교 현장에서 학생의 발달단계와 특성에 맞추어 체계적인 안전교육을 실시하기 위한 표준 자료인 생활, 교통, 폭력, 신변, 약물 · 인터넷 중독, 재난, 직업, 응급처치 등의 영역으로 구성된 '학교 안전교육 7대 영역 표준안'을 개발하여 학교 정보센터를 통해서 학교 현장에 보급되었다.

학교안전 7대 영역은 생활안전, 교통안전, 폭력 · 신변안전, 약물 · 인터넷 중독, 재난안전, 직업안전, 응급처치로 이루어졌으며, 25개의 중분류, 52개의 소분류로 구성되어, 학교급(유 · 초 · 중 · 고)에 따른 표준안 내용 체계도 및 교사의 수업 활용을 돕기 위해 수업지도안*도 제공하였다. 또한 학생 발달단계(유아~고교)에 맞게 체험 중심으로 개발되었으며, 초등에서는 생활안전, 폭력 · 신변 안전 영역을, 고등학교에서는 실습 시 직업안전을 강화하는 등 안전교육분야 전반적인 표준안이 마련되었다.

학교안전교육 7대 표준안은 유치원(39개 활동), 초등학교(72차시)는 1~2학년(24차시), 3~4학년(24차시), 5~6학년(24차시), 중학교(30

---

* 학교 급별(유, 초 1~2, 초 3~4, 초 5~6, 중, 고)로 약 100~150차시씩 제공한다.

대분류	중분류	소분류
생활안전	시설 및 제품이용 안전	시설안전
		제품안전
		실험실습안전
	신체활동 안전	체육 및 여가 활동 안전
	유괴 및 미아사고 방지	유괴 및 미아사고 방지
교통안전	보행자안전	교통 표지판 구별하기
		길을 건너는 방법
		보행안전
	자전거안전	안전한 자전거 타기
		안전한 자전거 관리
	오토바이안전	오토바이 사고의 원인과 예방
		오토바이 운전 중 주의사항
	자동차 안전	자동차 사고의 원인
		자동차 사고 예방법
	대중교통 안전	대중교통 안전, 대중교통 이용 안전 수칙
폭력 및 신변안전	학교폭력	학교폭력
		언어 · 사이버 폭력
		물리적 폭력
		집단따돌림
	성폭력	성폭력 예방 및 대처방법, 성매매 예방

대분류	중분류	소분류
폭력 및 신변안전	아동학대	아동학대 예방 및 대처방법
	자살	자살 예방 및 대처방법
	가정폭력	가정폭력 예방 및 대처방법
약물 · 사이버 중독	약물 중독	마약류 폐해 및 예방
		흡연 폐해 및 예방
		음주 폐해 및 예방
		고카페인 식품 폐해 및 예방
	사이버 중독	인터넷게임 중독
		스마트폰 중독
재난안전	화재	화재 발생
		화재 발생 시 안전수칙
		소화기 사용 및 대처방법
	사회재난	폭발 및 붕괴의 원인과 대처방법
		각종 테러사고 발생 시 대처요령
	자연재난	홍수 및 태풍 발생 시 대처요령
		지진 · 대설 · 한파 · 낙뢰 발생 시 대처요령
직업안전	직업안전의식	직업안전의식의 중요성
		직업안전 문화
	산업재해의 이해와 예방	산업재해의 의미와 발생
		산업재해의 예방과 대책

대분류	중분류	소분류
직업안전	직업병	직업병의 의미와 발생
		직업병의 예방과 대책
	직업안전의 예방 및 관리	산업재해 관리
		정리정돈
직업안전	직업안전의 예방 및 관리	보호구 착용
응급처치	응급처치의 이해와 중요성	응급처치의 목적과 일반원칙
		응급상황 시 행동요령
		응급처치 전 유의사항 및 준비
	심폐소생술	심폐소생술
		자동제세동기의 사용
	상황별 응급처치	기도폐쇄
		지혈 및 상처처치, 염좌, 골절, 화상 등
7개 영역	25개 중분류	52개 소분류

차시), 고등학교(30차시)로 구분하여 중분류와 소분류로 구분하며 활동 요소 및 세부내용을 명시하고 있다. 또한 수업지도안도 영역별로 마련하여 유치원, 초등학교, 중학교, 고등학교 선생님 등이 활용할수 있도록 마련되어 있으며 이는 매년 보완 사항을 바탕으로 수정되고 있다.

영역	중분류	소분류	활동요소	세부내용	유치원(39개 활동)	초등학교(72차시) 1~2학년(24차시)	초등학교(72차시) 3~4학년(24차시)	초등학교(72차시) 5~6학년(24차시)	중학교(30차시)	고등학교(30차시)

생활 및 제품안전 — 시설안전, 제품안전, 실험·실습안전 관련 내용체계표

‖ 학교안전교육 7대 표준안(생활안전) 내용체계표(일부) ‖

[예시] 안전교육 7대 표준안 수업지도안

□ 현행 교육과정 편성 내용

학년	교과	중단원	소단원
초등 5, 6학년	과학	자연재해 발생 시 대처요령	- 자연재난 유형별 발생 원인과 특징 - 자연재난 발생예보 - 자연재난 발생 시 대처요령

□ 수업지도 시 참고자료(예시)

학습목표 홍수의 개념과 사례를 알고 그에 따른 대처요령을 학습한다

[교수·학습활동]

◉ 도입
　홍수 관련 기상예보와 피해사례를 통해 학생들의 흥미 유발하기

◉ 전개
　홍수예보 청취 및 그에 따른 대비요령 설명

◉ 정리

◉ 지도상의 유의점

◉ 참고자료 1

‖ 학교안전교육 7대 표준안 수업지도안(일부) 8 ‖

2. 학교안전훈련

학교에서 실시하는 안전훈련은 '상시훈련', '재난대응 안전한국훈련', '어린이 재난안전훈련' 등 다양하게 있지만 「재난 및 안전관리 기본법」에 근거하여 실시하는 '재난대응 안전한국훈련'이 가장 대표적이다. 이 훈련은 다양한 유형의 재난에 대비한 관계기관 합동, 민간 참여 훈련 실시, 정부와 민간의 역량을 강화하고 재난 발생 시 신속하게 대응하기 위해 실시한다.

특히, 교육부는 학교 구성원의 재난대응 역량을 높이고 안전한 학교 문화를 조성하기 위해 매년 재난대응 안전한국훈련을 실시하고 있다. 안전한국훈련은 매년 행정안전부 주관으로 실시하고 있는 범정부 재난 대응훈련으로, 이 훈련에는 교육부, 시·도교육청, 전국의 유치원, 초등학교, 중학교, 고등학교, 대학 등 2만여 개의 교육기관이 참여하여 실제 상황과 유사한 상황을 가정하고 학생 및 학부모의 참여를 유도함으로써 실제로 체험하는 훈련 경험을 통한 안전사고 예방에 중점을 두기 위해 실시한다.

2022년에 실시한 재난대응 안전한국훈련 시 교육부는 훈련 기간 상황실을 운영하며 현장훈련 총 6회, 토론훈련 2회를 주관하여 실시해 교육부-시·도교육청-학교 현장 간 긴급대응체계를 점검하고 있다.

2022년 11월 21일에 실시한 훈련 1일 차는 세종특별자치시 북동쪽에서 발생한 지진으로 인한 학교 시설물 붕괴와 정상적인 학사 운영이 불가능한 상황을 가정하고, 교육부장관 주재로 세종교육청과 세종시청, 조치원소방서 등 관계기관 합동으로 '중앙사고수습본부 운영 토론훈련'을 실시하였으며, 2일 차에는 세종 조치원중학교에서 지진

구분			훈련내용

일정	11. 21
	(월)
	1일 차
		취약 분야
		안전훈련
			• 토론훈련(1)
			   – 학교시설에서 발생한 사고를 가정
			   – 중앙사고수습본부를 운영하여 수습방안
			     토론(부총리겸 교육부장관 주재)
			• 현장훈련(1, 2)
			   – 특수학교, 유치원 대상 대피 훈련(서울농학
			     교, 세종보람 유치원)

	11. 22
	(화)
	2일 차
		유·초·
		중등 분야
		안전훈련
			• 현장훈련(3)
			   – 학교시설에서 발생한 사고를 가정
			   – 관계기관들의 현장대응훈련 실시(조치원중
			     학교)

	11. 23
	(수)
	3일 차
		유·초·
		중등 분야
		안전훈련
			• 토론훈련(2)
			   – 미세먼지 경보 연속 발령에 따른 안전 확
			     보 방안 토론(안전 책임관 주재)

	11. 24
	(목)
	4일 차
		대학 분야
		안전훈련
			• 현장훈련(4)
			   – 대학 연구·실험실 폭발 및 화재 발생에
			     따른 대피 훈련(전남대학교)
			• 현장훈련(5)
			   – 학생 재난 대피훈련(전국 학교)

	11. 25
	(금)
	5일 차
		대학 분야
		안전훈련
			• 현장훈련(6)
			   – 국립대병원 화재발생에 따른 대피훈련(세
			     종 충남대병원)

주요
사항
			• 교육부는 총 6회의 현장훈련을 주관하여 실시
			   – 교육부 중앙사고수습본부 운영 훈련(1일 차) 및 교육부 상
			     황실 운영(1~5일 차)
			   – 시·도교육청 등 모든 기관은 훈련 기간 동안 최소 2회 이
			     상의 현장훈련 실시
			   – 시도교육(지원)청, 소속기관·단체 재난상황보고 훈련
			     (1~3일 차)
			• 학생 지진 대피훈련 실시 예정(4일 차)
			   ※ 시·도교육청(학교), 소속기관·단체, 대학 등 여건에 따라
			     일정 조정 가능
			• 시·도교육청–학교 불시 기능점검 훈련(1~3일 차 중 하루)
			• 재난·안전의식 고취를 위한 교육·문화 활동

으로 교사동 일부가 붕괴된 상황을 가정하고, 조치원소방서, 세종시 보건소 등 관계기관 합동으로 지진 및 화재대피훈련, 심폐소생술 교육, 투척용 소화기 훈련 등 다양한 체험 위주의 현장대응훈련을 실시하였다.

소방안전교육과 응급처치교육

1. 어린이와 청소년의 소방안전교육

소방안전교육은 업무 성격상 화재 예방과 관련된 교육과 홍보가 대부분으로 화재가 발생될 때마다 자연스럽게 강조되었다. 과거의 교육·홍보는 법률로 강제하던 사항이 아니었으므로 발전은 더욱 늦었다. 그동안 예방홍보 방안의 일환으로 자리하던 안전교육의 급격한 변화는 1999년 6월 발생한 경기도 화성 씨랜드수련원 화재, 1999년 10월 인천라이프 호프 화재, 2001년 경기도 광주시 송정동 예지학원 화재, 2002년 12월 충남 서천군 마서면 금매복지원 화재, 2003년 3월 천안초등학교 축구부합숙소 화재 등 잇따른 대형재난을 경험하면서 국민의 안전욕구가 증대됨에 따라 1999년 사고 이후 국무총리실 산하 안전관리개선기획단을 발족하여 안전관리종합대책 100대 과제를 수립하고 2003년 어린이안전원년 선포와 함께 58개 과제를 수행하면서 그 체계가 잡히기 시작하였다.

소방안전교육은 화재 발생에 따른 소화기 사용법, 대피 등의 행동요령에 대하여 숙지하기 위해 필요한 교육으로 어린이 시절부터 소방안전교육을 통해 안전인식을 높이고 습관화해야 한다.

‖ 어린이 화재대피훈련 ‖

소방안전교육은 현장에서 얻은 실무경험과 노하우를 축적한 결과 안전사고 발생 현실에 가장 근접할 수 있으며 이때 얻어진 안전경험을 바탕으로 사고를 미연에 방지할 수 있도록 예방교육 프로그램으로 연결한다. 소방안전은 다른 민간단체와 달리 소방이 기존에 가지고 있는 인적 자원(진압 · 구조 · 구급대원 등), 물적 자원(소방차량 및 장비), 현장에서 얻어진 경험 등을 활용하여 살아 있는 교육을 시행하고자 의도하는 것이다.

어린 시절부터 화재에 대한 위험성, 대피를 위한 훈련 등을 통해 익히고 습득하는 것이 성장하였을 때 스스로 안전을 확보할 수 있을 것이다. 그래서 어린이집부터 영상, 인형극, 실제 대피훈련 등 다양한 콘텐츠를 통해 화재에 대한 위험성을 인지하고 신속하게 대피하기 위한 지식과 기능을 익히기 위해 대피훈련 등을 실시하고 있다.

2. 어린이와 청소년의 응급처치교육

응급처치는 전혀 생각지도 못한 장소나 때에 발생한 외상에 대해서 응급적으로 간단하게 치료하는 것을 말하며 응급처치 후에는 의사와의 상의가 필요한 상태를 말한다. 이러한 '응급처치교육'은 일상 활동에서 발생하는 심장질환환자, 외상환자, 응급질환자 등에게 손상부위의 악화 및 장애를 방지하기 위하여 현장에서 적절한 응급처치 후 환자이송에 도움을 주는 처치를 교육하는 상태를 말한다. 다양한 환경에서 심장질환환자가 심폐정지 시 기본심폐소생술을 비롯한 내과응급, 외과응급 등 각종 환경에서 정확한 응급처치를 실시하여 보다 나은 병원치료를 받을 때까지 도움이나 적절한 조치로 빠른 회복상태에 이르도록 하는 것을 교육목표로 하고 있다.

일반적으로 '구조 및 응급처치교육'은 법정대상자 및 일반인을 대상으로 실시하며 응급활동의 원칙, 일반응급처치술, 기본소생술 이론 및 실습 등 총 4시간을 진행한다. 어린이, 청소년을 대상으로 하는 응급처치교육은 학교에서 필요한 시간만큼 교육을 실시하며 응급활동의 원칙 및 요령, 응급처치자의 안전수칙, 학교 내 안전수칙 기본구조술 이론 및 실습 등에 대한 내용을 교육한다. 이러한 교육을 완료하였을 경우 구조 및 응급처치교육에 대한 수료증이 발급된다.

가장 대표적인 교육이 심폐소생술(CPR)이 있다. 반응이 없는 환자를 발견하였을 경우 양어깨를 두드리며 말을 걸고 눈과 귀로 심정지 및 무호흡 유무를 확인한 후 주변 사람 중 한 명을 꼭 집어서 119신고를 부탁하고 자동심장충격기를 요청한다. 환자의 가슴 중앙에 깍지를 낀 두 손으로 몸과 수직이 되도록 압박하며 압박은 성인기준 5cm 이상 1분에 100~120회 이상의 속도로 압박한다. 코를 막고 구조자의 입을 완전히 밀착하여 정상호흡을 약 1초에 걸쳐 2회 숨을 불어넣으며 인공호흡이 어려울 경우 가슴압박을 지속적으로 시행한다. 이후에는 30회의 가슴압박과 2회의 인공호흡을 119구급대원이 현장에 도착할 때까지 반복해서 시행한다.

자동심장충격기(AED)란 심실세동* 환자들에게 극히 짧은 순간에 강한 전류를 심장에 통과시켜서 대부분의 심근에 활동전위를 유발하여 심실세동이 유지될 수 없도록 함으로써 심실세동을 종료시키고 심장이 다시 정상적인 전기활동을 할 수 있도록 유도하는 것이다. 자동심장충격기 사용법은 자동심장충격기(AED)를 심폐소생술에 방해

---

* 심장의 박동에 의해서 심실의 각 부분이 불규칙적으로 수축하는 상태이다.

가 되지 않는 위치에 놓은 뒤에 전원 버튼을 눌러 전원을 켠다. 준비된 자동심장충격기(AED)의 패드를 부착부위에 정확히 부착하며 패드 1은 오른쪽 빗장뼈 바로 아래에 부착하고 패드 2는 왼쪽 젖꼭지 옆 겨드랑이에 부착한다. 패드와 자동심장충격기 본체가 분리되어 있는 경우에는 이를 연결해야 하며, 패드 부착 부위에 이물질이 있다면 제거한다. "분석 중"이라는 음성 지시가 나오면 심폐소생술을 멈추고 환자에게서 손을 떼며 "환자의 상태를 확인하고, 심폐소생술을 계속 하십시오."라는 음성 지시가 나오면 즉시 심폐소생술을 실시한다. 그리고 "쇼크 버튼을 누르십시오."라는 음성 지시가 나오면 점멸하고 있는 쇼크 버튼을 눌러 자동심장충격을 시행하며 쇼크 버튼을

심폐소생술(도움 및 119신고 요청)

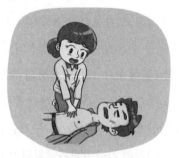
심폐소생술(가슴압박)

자동심장충격기(AED) 사용

‖ 심폐소생술 및 자동심장충격기(AED) 10 ‖

누르기 전에는 반드시 다른 사람이 환자에게서 떨어져 있는지 확인해야 한다. 자동심장충격을 시행한 뒤에는 즉시 가슴압박과 인공호흡 비율을 30번, 2회로 심폐소생술을 다시 시행한다. 자동심장충격

‖ 어린이집 종사자 심폐소생술 실습 ‖

기는 2분마다 심장리듬 분석을 반복해서 시행하며, 자동심장충격기 사용과 심폐소생술 시행은 119구급대가 현장에 도착할 때까지 지속 되어야 한다.

어린이집부터 유치원, 초등학교 등에서 어린이 이용시설 종사자뿐 만 아니라 어린이 및 청소년도 심폐소생술 실습 등의 교육을 실시하 고 있다.

04

안전체험시설

2014년 세월호 참사 이후, 2016년 경주지진, 2017년 포항지진, 2017년 제천 스포츠센터 화재 등 대형 재난사고가 잇따라 발생하면서 다양한 재난사고에 대비하는 안전체험교육의 중요성이 높아짐에 따라 관련 부처(행정안전부, 교육부, 소방청, 지방자치단체 등)에서 안전체험관 사업 신설 및 건립에 앞장서고 있다.

안전체험시설 설치는 국가와 지방자치단체가 국민이 안전문화를 실천하고 체험할 수 있도록 안전체험시설 설치 및 운영 규정에 맞게 마련한 것이다.

1. 행정안전부/지방자치단체 안전체험시설
(행정안전부, 생활공간안전분야)

행정안전부 안전체험관에는 민방위재난안전교육원(공주)이 있으며, 지방자치단체의 안전체험관은 민방위교육시설, 교통교육시설이 대부분으로 아직 운영 중인 종합형 안전체험관은 없다. 지방자치단체가 운영 중인 종합형 안전체험관은 강원도 태백시에 있는 '365세이프타운'이 대표적이며 '365세이프타운'은 강원도 태백시가 국내외 최

▼ 행정안전부 및 지방자치단체 안전체험관 유형 11

구분	내용
대형 안전체험관	• 체험존 6개 이상 • 순수 체험 면적 1,500m² 이상 • 연 최대 교육 인원 14만 4,000명 이상 중 2개 이상 충족
중형 안전체험관	• 체험존 6개 이상 • 순수 체험 면적 900m² 초과 1,500m² 미만 • 연 최대 교육 인원 10만 8,000명 이상 중 2개 이상 충족
소형 안전체험관	• 체험존 1개 이상 • 순수 체험 면적 900m² 미만 • 연 최대 교육 인원 7만 2,000명 이상 중 2개 이상 충족
특성화 안전체험관	소형을 제외하고 중·대형 안전체험관으로서 아래의 요건을 갖춘 경우 • 해양운항안전 체험존을 포함하는 해양운항안전 특성화 체험관 • 항공안전 체험존을 포함하는 항공안전 특성화 체험관 • 도로·철도교통안전 체험존을 포함하는 도로·철도교통안전 특성화 체험관 • 원자력·화학안전 체험존을 포함하는 원자력·화학안전 체험관 • 산업재난안전 체험존을 포함하는 산업재난안전 체험관 • 그 밖에 특정 분야의 체험교육을 중점적으로 제공하기 위한 체험관

초로 '안전'을 테마로 하여, 교육 놀이시설을 접목하여 만든 에듀테인먼트(Edutainment)시설로 각종 재난 및 재해를 직접 또는 가상체험이 가능하도록 조성한 공익적 안전테마파크이다. 운영주체는 태백시이며 3개 지구에 걸쳐 있어 안전체험관 중에서 가장 규모가 크다.

행정안전부 및 지방자치단체 안전체험관은 대형 · 중형 · 소형 · 특성화 등 4가지 유형으로 구분하고 있으며 각 체험관의 유형마다 3가지 요건 중 2가지 이상을 충족할 경우에 해당 체험관으로 인정하는 것으로 분류한다. 또 규모, 체험프로그램 등에 따른 기준 외에 특정 재난안전분야의 체험교육을 중점적으로 제공하기 위한 중형 이상의 규모를 가진 체험관을 특성화 안전체험관으로 구분한다.

종합안전체험관을 지속적으로 건립 중이긴 하나 체험교육 대상인구가 많아도 면적이 넓어 인구 밀집도가 상대적으로 떨어지는 지방자치단체에서는 체험교육의 기회를 가질 수 없는 상태로 소외되어 있는 부분도 있어 관심이 요구된다.

2. 교육부 학생안전체험관(교육청, 안전교육분야)

교육부는 매년 지속적으로 발생하고 있는 각종 사회재난과 자연재해로부터 안전한 사회를 구축하고자 '학교에서 시작되는 안전관리로 국가 안전기초 마련' 및 '학교안전사고 예방을 위한 교육기관 역량제고'를 목표로 2014년 학교안전교육 7대 표준안을 마련하였다. 이와 더불어 체험 중심 안전교육을 위해 종합 및 소규모 안전체험관, 안전체험버스, 안전체험교실 등 시설에 대한 설립 · 운영을 추진하고 있다.

2014년 4개 종합안전체험관, 안전체험버스 4대를 시작으로 2021년

구분	내용
종합형 안전체험관	'안전교육 7대 표준안'과 연계된 체험 위주 다양한 안전교육 실시
소규모 안전체험관	학생교육원, 연수원, 폐교 등 기존 시설을 리모델링하여 학생안전체험시설로 구축 · 활용
교실형 안전체험관	학교 내 유휴교실 활용하여 교통안전, 생활안전 등 체험시설 확충 · 운영
이동형 안전체험버스	유치원 및 초등 저학년을 대상으로 차량 내 안전체험 프로그램을 설치하여 찾아가는 학생안전체험교육 추진

5월 현재 14개 종합안전체험관, 12개 소규모안전체험관, 안전체험버스 9대, 59개 안전체험교실 등 총 94개 시설이 설립 및 운영 중이다.

종합 및 소규모 안전체험관은 유 · 초 · 중 · 고등학교 모든 학생이 체험 대상이며, 안전체험교실은 단위 학교 학생이, 안전체험버스는 초등학교 저학년 및 유치원 학생이 대상이다. 종합안전체험관에서는 재난 발생 시 많은 사람이 피해 대상이 될 수 있고, 일반 생활안전사고에 비해 생명이 위험해질 확률이 높기 때문에 지진, 화재와 같은 재난 프로그램을 모든 시설에서 공통적으로 운영하고 있다.

제주도를 제외한 16개 시·도 교육청은 지역의 특성에 맞게 유형별 학생안전체험시설을 건립 및 운영하고 있다. 2022년 4월 기준으로 총 94개소가 운영 중에 있으며 경기도가 12개로 가장 많고 그 뒤로 세종 9개, 경남 8개, 서울, 인천 및 충남 7개, 대구 및 울산 6개, 부산 및 경북 5개, 전남, 광주 및 대전 4개, 충북 및 강원 3개, 전북 2개 등 순으로 건립 및 운영하고 있다.

학생안전체험시설 유형별 현황을 살펴보면 교실형 안전체험관이

지역	종합형 안전체험관			소규모 안전체험관			교실형 안전체험관			이동형 안전체험버스			합계
	건립중	운영중	계	건립중	운영중	계	건립중	운영중	계	건립중	운영중	계	
서울	1		1		1	1		5	5				7
부산		1	1					4	4				5
대구		2	2		1	1		2	2		1	1	6
인천		1	1					6	6				7
광주					2	2		1	1		1	1	4
대전								3	3		1	1	4
울산					1	1		5	5				6
세종		1	1					7	7		1	1	9
경기		1	1		2	2		8	8		1	1	12
강원								2	2		1	1	3
충북		1	1		1	1		2	2				5
충남		1	1					6	6				7
전북					2	2							2
전남		1	1		1	1		1	1		1	1	4
경북	1	1	2		1	1		2	2				5
경남	1	1	2					5	5		1	1	8
제주													0
합계	3	11	14	0	12	12	0	59	59	0	9	9	94

59개로 가장 많았고 그 뒤로 종합형 안전체험관 14개, 소규모 안전체험관 12개, 이동형 안전체험버스 9개 순으로 건립 및 운영되고 있다.

‖ 안전체험차량 14 ‖

특히, 안전체험교육 여건이 열악한 도서, 읍·면 및 도시 외곽 지역의 유치원, 초등학교, 중학교, 고등학교를 대상으로 찾아가는 안전체험교육도 운영 중에 있다.

‖ 안전체험교육 15 ‖

3. 소방청 소방안전체험관(소방청, 안전교육분야)

소방안전체험관은 1999년 씨랜드 청소년수련시설 화재를 시작으로 연이은 사고로 인해 많은 어린이와 청소년들이 숨지거나 부상을 당하는 사례가 발생하여, 이를 개선하고 안전의식 제고 및 대처능력 함양을 위해 선진국형 안전체험시설 설치계획에 따라 건립되었다. 체험분야는 생활안전, 화재안전, 교통안전, 자연재난안전 등으로 구성되어 있으며 시·도 1체험관을 목표로 2003년부터 체험관 건립을 추진하여 2019년 12월 31일 기준 7개 체험관을 운영하고 있으며 추가 7곳을 건립 중에 있다. 소방청의 소방안전체험관은 연면적에 따라 대형, 중형, 소형 체험관으로 분류하고 있으며 대형체험관의 경우 지역별로는 서울 2곳, 대구, 전북, 충남, 부산, 울산에 각 1곳의 체험관이 있다.

▼ 소방청 소방안전체험관 유형 16

구분	분류기준	소요인력(일근 기준)	
		기획·교육 개발부서(명)	교육인력(명)
대형 체험관	연면적 5,000m² 이상	12	23
중형 체험관	연면적 1,000m² 이상 5,000m² 미만	8	12
소형 체험관	연면적 1,000m² 미만	4	8

Chapter 8

해외
어린이와 청소년의
안전정책

01

미국 어린이와
청소년의 안전정책

1. 교통안전

미국 도로교통안전청(NHTSA)은 자동차 안전 관련 규정을 관장하고 있으며, 연방자동차 안전표준(FMVSS)에 근거하여 어린이 교통안전과 관련해서 스쿨버스의 제작기준을 관리한다.

미국의 경우 어린이 스쿨버스 내 방치된 유아의 질식사고 방지를 위해 Sleeping Child Check System을 의무적으로 설치하고 있으며, 차량 운행을 마친 운전자가 차량 내부 후면에 설치된 확인 버튼을 누르지 않으면 경보음이 울리도록 하는 장치를 설치해 근원적으로 유아 질식사고를 예방하고 있다.

스쿨버스 좌석의 높이는 과거 20인치(약 51cm)였으나, 현재는 미국 남성 아이들의 신체 수치 중앙값을 토대로 최소 24인치(약 61cm)

로 정해져 있으며, 자동차 제조사들은 반드시 이에 맞춰 차를 만들어야 한다. 기준을 높인 배경에 대해 도로교통안전청(NHTSA)은 "(새 기준이) 사망과 중상률을 극명하게 줄여준다는 것이 결과로 증명됐다"고 밝혔다.

또한 유아교육기관이 있는 곳을 중심으로 신호등 및 교차로, 차량 통행량 및 통행 차종 등을 조사하여 안전한 통학로를 한 곳 이상 지정하며, 'Safety Wave'(확인하고 건너기) 프로그램을 운영한다. Safety Wave 프로그램은 스쿨버스에서 내릴 때 유아들은 일단 좌우의 도로를 확인한 후 스쿨버스 운전기사에게 손을 흔들어 주고, 이것을 본 기사는 백미러로 뒤쪽에서 오는 차량이 없는 것을 확인한 후에 유아들에게 손을 흔들게 되는데, 유아들이 이 운전기사의 손을 보고 난 후 길을 건너는 것이다. 이를 위해 운전기사에 대한 계속적인 교육을 진행하는 동시에, 유아교육기관에서 유아들에게 Safety Wave를 교육한 후 차 안에 포스터를 부착하고 있다.

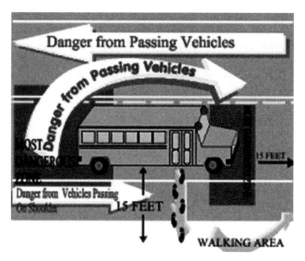

‖ Safety Wave 포스터 1 ‖

학생들이 등·하교 시 주로 이용하는 통학로를 안전하게 관리하기 위해서 SRTS(Safe Routes To School) 프로그램을 실시하고 있는데, 해당 프로그램은 3가지 목표를 가지고 있으며 세부내용을 살펴보면 다음과 같다.

첫째, 장애인을 포함한 아이들이 도보나 자전거로 학교에 갈 수 있도록 하고, 이를 권장한다. 둘째, 자전거나 보행 통학을 더욱 안전하고 매력적인 교통수단으로 만들어, 초년부터 건강하고 활동력 있는 생활방식을 권장한다. 셋째, 학교 주변지역의 안전을 증진하는 동시에 교통량, 연료 소모, 공해를 줄일 사업과 활동에 대한 계획을 개발하고 그 구현을 촉진한다.

뉴욕시 자치구인 브롱스에서 5~14세 사이 어린이들의 가장 많은 사고원인이었던 자동차사고를 해결하기 위해 처음으로 SRTS 프로그램이 시작되었고 교통안전위원회의 재정 지원을 바탕으로 통학로에서 위험한 장소를 찾아내 시설 개선안을 수립하였다.

해당 프로그램은 이후 도로교통안전국(National Highway Traffic Safety Administration)을 통해 캘리포니아의 마린 카운티와 매사추세츠의 알링턴 지역으로 확대되었으며, 2년간 프로그램을 시행한 결과, 마린 카운티에서는 통학 시에 보행이나 자전거를 이용하는 학생의 비율이 21%에서 38%로 증가하였고 알링턴 지역의 초등학교의 경우에는 42%에서 56%로 증가하였다.

미국 50개 주와 워싱턴 DC 모두 SRTS 프로그램을 집행하고 있으며 각 주정부는 SRTS 프로그램을 Infrastructure와 Non-infrastructure-related 활동으로 구분하여 집행한다. Infrastructure는 보행자 도로 개선, 교통정온화(Traffic Calming), 자동차 속도 저감, 보행자 및 자전거의 횡단시설 개선, 도로 내 자전거 시설, 도로 외 자전거 및 보

‖ 미국 통학로 관리프로그램 SRTS 2 ‖

행 시설, 자전거 통학을 향상시키는 시설 개선을 의미하며, Non-infrastructure-related 활동은 공공교육 캠페인, 언론 또는 지역사회 지도자에 대한 홍보, 교통 교육, 학교 주변의 단속, 자전거나 보행 안전에 대한 학생지도 등으로 보행이나 자전거 통학을 권장하는 활동을 뜻한다.

2. 제품안전

미국의 어린이 제품안전 관련 업무를 실시하는 기관은 소비자제품 안전위원회(CPCS), 미국재료시험협회(ASTM), 어린이안전예방단체 (National Safe Kids), 직업안전건강관리청(OSHA) 등이 있다.

소비자제품안전위원회(CPCS)는 소비자제품안전법(CPSA)에 근거 하여 가정, 학교, 레크리에이션에서 소비자가 사용하는 품목의 안전 사항을 관장하고 있는데, 여기에는 장난감, 놀이용품, 가구 등 어린이 소비제품의 기준을 포함한다. 각 주는 지역 여건에 맞는 독자적인 제품안전 관련 법을 입법화할 수 있지만, 전국적인 규제의 통일성의 문제 때문에 소비자제품안전위원회(CPSC)가 작성한 모델법에 준해 제품안전법을 입법화하고 있다.

미국재료시험협회(ASTM)는 전문분야별 세계 최대 규모의 민간 임의표준제정단체로 어린이제품 관련 제작 기준 및 안전기준을 제정하고 있다. 100개 이상의 국가에서 참여하고 있는 3만 2,000명 이상의 회원들과 학술원 대표들이 참석하며 제품의 제조, 처리 및 관리 활동을 위한 자료를 개발하고 전 세계로 보급한다.

어린이안전예방단체(National Safe Kids)는 어린이의 안전한 삶을 위하여 다양한 법들을 관장한다. 승용물 헬멧안전에 관한 법, 유아용 침대안전에 관한 법, 독극물 중독사고 조치, 놀이터 안전에 관한 법, 어린이 승객의 보호에 관한 법, 어린이 비비탄총에 의한 사고예방에 관한 법, 전국 놀이공원의 안전에 관한 법, 의회 학교보건·안전위원회지지, 가정환경 개선을 위한 예산지지 등을 관장한다.

직업안전건강관리청(OSHA)은 미국 산업안전보건법을 바탕으로 산업재해 및 산업안전보건을 위한 안전사고 예방프로그램을 운영한다. 또한 자국 내 사용되는 제품으로부터 국민을 보호하기 위해 안전과 관련된 시험 및 인증 업무를 시행하며 미국국가인정시험소(NRTL)를 운영한다.

미국은 어린이의 생활에 많은 영향을 미치는 장난감, 놀이터, 아동용 가구, 아동보호제품, 헬멧, 물에서 사용하는 장비 등에 대하여 안전 관련 법/제도를 마련하여 어린이의 안전성을 확보하기 위한 노력을 기울이고 있다.

미국의 어린이제품안전 관련 법은 「어린이안전보호법(Child Safety

구분	내용
소비자제품 안전위원회 (CPCS)	• 제품안전 확보에 필요한 일반법인 소비자제품안전법 (CPSIA) 이외 연방위험물법(FHSA), 가연성직물법(FFA) 유해물방지 포장법(PPPA), 냉장고 안전법(RSA), 화재담 배안전법(FSCA) 등을 관장하고 있음 • 어린이놀이시설의 바닥처리에 대한 안전기준 제정
미국재료 시험협회 (ASTM)	• 어린이 보행기와 건축규정과의 관련성(문의 넓이, 문턱 등)에 대한 기준 제정, 놀이기구 제작기준 제정 • 화재를 대비한 단순 대피 시설을 가진 낮은 층의 아파트 와 단독주택을 위해 디자인된 낙상방지용 창살에 관한 새로운 안전기준 제정 • 장난감 안전에 대한 소비자안전설명서 기준에 맞추어 자 발적으로 장난감 안전기준을 제정하여 시행하고 있음
어린이안전 예방단체 (National Safe Kids)	승용물 헬멧안전에 관한 법, 유아용 침대안전에 관한 법, 독극물 중독사고 조치 지지, 놀이터 안전에 관한 법, 어린 이 승객의 보호에 관한 법, 어린이 비비탄총에 의한 사고 예방에 관한 법, 전국 놀이공원의 안전에 관한 법, 의회 학 교보건 · 안전위원회, 가정환경 개선을 위한 예산지지 등을 관장
직업안전 건강관리청 (OSHA)	미 노동부 산하에서 산업안전보건규정(Regulations)을 개 발하고 감독 · 집행하는 행정기관으로 안전사고 예방프로 그램을 운영함

Protection Act)」, 「소비자제품안전법(Consumer Product Safety Act)」, 「중독방지포장법(Poison Prevention Packaging Act)」 등이 있으며 세부적인 내용을 살펴보면 다음과 같다.

「어린이안전보호법(Child Safety Protection Act)」은 1995년 1월 1일 혹은 그 이후에 미국에서 제조되었거나 미국으로 수입된 제품 등에 대한 규제를 실시하는 법이다. 어린이완구의 질식위험에 대한 사업자의 결함정보 보고의무제도 등 리콜제도를 한층 엄격히 적용하고 있으며,

3~6세 어린이를 대상으로 제조된 작은 공, 풍선, 구슬, 작은 부품을 포함하는 장난감은 질식위험 경고문의 부착을 의무화하고 있다.

미국에서 납 성분이 포함된 중국산 수입 장난감이 이슈(리콜 처리)가 되면서 어린이안전에 대한 관심이 높아져 2008년에 통과된 「소비자제품안전법(CPSIA)」은 어린이용 제품 등에 대한 다양한 세부 규칙과 규정을 제정한다. 이 법의 주요 내용은 12세 이하 어린이가 사용하는 장난감 및 의류, 운동기구, 책 등 모든 제품의 제조업체는 제품의 사용기간 동안 떼어지거나 지워지지 않도록 제조사명 및 수입업체 정보, 제조일자와 장소, 제조번호(Batch Number) 등 생산자 정보를 제품과 포장에 동시에 부착해야 한다고 명시하고 있다.

어린이 제품을 유통하기 전 사업자로 하여금 안선성 및 유해성을 검증한 후 유통시키도록 하는 의무를 부과하였으며 완벽한 검증을 위해 자국 시험기관뿐만 아니라 다른 제3 국가의 시험인증기관을 지정하여 의무적으로 시험을 진행하고 안전성을 입증한다. 발생 가능한 위험성을 보고하지 않은 경우 최대 1,500만 달러의 벌금, 5년 징역형 및 재산몰수, 업체에 수리, 교체, 환불의 선택권을 주지 않고 제품 리콜이 필요할 시 구제책을 정부가 심사하는 등 이전에 비해 강력한 제제 수단을 부여한다.

Manufacturer: Acme Corporation
Date of Production: 8/09
Production Location: Dominican Republic
Lot/Batch Number: 12345678

‖ 소비자제품안전법에 따른 어린이 제품 라벨 3 ‖

「중독방지포장법(Poison Prevention Packaging Act)」은 어린이를 중상 또는 심각한 신체 부상으로부터 보호하기 위해 만들어진 법으로 유해물질을 포함한 소비자용 가정 제품의 포장을 어린이가 손쉽게 열지 못하도록 하는 것을 목적으로 한다. 30여 종 성분의 의약품과 가정용 화학제품에 어린이 보호 포장을 할 것을 요구하고 있으며, 5세 미만의 어린이가 독성 및 유해물질 성분이 들어 있는 내용물을 개봉하기 어렵게 고안 · 디자인하도록 규정한다.

3. 식품안전

미국은 식품안전과 관련하여 「식품현대화법(FSMA : Food Safety and Modernization Act)」을 제정하여 식품안전 사건 및 사고에 대하여 기존의 사후대응 관리체계를 벗어나 리스크에 기반한 과학적 접근방식을 통해 사전 예방적 관리체계를 도입시키고, 신속한 대응체계를 구축하였다. 교육부와 상의하여 학교 또는 유아교육 프로그램에서 어린이 식품 알레르기 및 과민증을 관리하기 위한 자발적 식품 알레르기 관리 지침을 개발하도록 감독하였으며 자발적 식품 알레르기 관리 지침을 채택 및 실행하는 지역 교육 기관을 지원하기 위하여 2년 동안 식품 알레르기 관리 인센티브를 제공하였다.

식중독 예방과 저감을 위한 대책사업으로 보건복지부 주도하에 헬씨 피플 2020(Healthy People 2020)을 진행하였고 식품의약품안전청(FDA)과 농무부 식품안전검사국(FSIS)이 동참하였으며 주요 세균에 의한 식중독 발생을 저감하기 위한 세부사업을 진행하고 있다. FDA와 FSIS는 식중독 저감화를 위해 수산물, 육류, 알, 과채류 등에 관한 예방 전략을 세우고 검사 및 식품안전부문을 강화하고 있다.

4. 총기 및 약물안전

미국은 중학생이 되었을 경우 재난교육과 더불어 안전교육이 더 세부적으로 이루어지고 있다. 교내 클럽 활동 중에 청소년 약물 중독 예방 활동을 하는 모임이 있으며, 각 학교 회원들이 모여 지역사회 안에서 대외 활동도 전개하고 있다.

또 하나 중요한 교육이 락다운 드릴(Lockdown Drill)이라는 총기 사고에 대한 교육도 실시하고 있다. 한 중학교의 경우 교장과 학부모들과의 만남의 자리를 개최하면서 총기 안전교육에 대한 정보를 학부모들에게 직접 전달하기도 한다.

학생들이 받는 교육 내용은 총기를 지닌 사람이 학교 주변에서 발견되어 경보가 울리면 교실 커튼과 문을 닫고 각자 정해진 교실 바닥에 쭈그려 앉아 숨소리도 들리지 않고 머무는 훈련이다. 점심시간, 쉬는 시간 등에 사건이 발생하면 지체 없이 교실로 들어가 안전한 위치에 대피하고 누군가 뒤늦게 문을 두드리는 학생이 있어도 문을 열어주지 말라는 내용의 지침을 포함하고 있다. 이는 한 명을 구하려다 더 많은 사상자를 낼 수 있기 때문이다. 중학생들은 초등학생 때보다 훈련에 임하는 태도가 높고 실제로 한 학교에서 피자 굽는 연기에 반응해 경보가 울렸을 때 학생들은 훈련 때처럼 일사분란하게 움직이며 운동장으로 대피하였고 수업재개 방송을 들은 후 질서정연하게 교실로 돌아갔다.

5. 학교안전

미국은 일반적인 교육에 관한 사항과 함께 학교안전 및 안전교육에 관한 내용도 주정부가 결정하고 있어, 학교안전에 관한 구체적인 내용은 주마다 다르다. 연방 차원에서는 안전교육에 필요한 재정 지원 및 안전교육시설 점검을 수행하고 있는데, 2014년 기준 미국 연방교육부는 학생안전을 위한 학교환경 개선을 목표로 38개 주의 130개 학교에 총 7,000만 달러(한화 약 760억 원) 이상의 예산을 투자하고 있다. 질병예방센터(Center for Disease Control and Prevention, 이하 CDC)는 웹페이지를 통해 어린이 등하굣길 안전, 스포츠 및 체육 활동 안전(Walk to School Safely, Safety During Sports and Physical Activity) 등과 관련된 안전사고 현황, 학교 및 학부모 대상의 구체적인 지침 및 관련 자료 등과 같은 학교안전교육과 관련된 지침을 제공하고 있다.

‖ 만 4~7세 어린이 대상 안전교육 교재 예시 **4** ‖

6. 자살 예방

1990년대 중반 자살 예방 국가전략 수립에 대한 UN의 권고안이 나오면서 미국 내 지역사회의 많은 시민단체들을 중심으로 자살 예방에 대한 여론이 형성되었고, 이에 미국 정부는 자살을 개인의 문제가

▼ 미국 국가자살예방전략 추진을 위한 주요 법률

구분	내용	비고
개럿 리 스미스 추모법	• 108대 워싱턴주 상원의원인 고든 스미스가 대학 재학 중 자살로 사망한 아들을 추모하기 위해 발의함 • 청소년, 대학생의 자살예방활동과 2002년 설립된 자살예방지원센터의 운영, 활동을 지원함	2004년 10월 21일 제정
조슈아 옴비그 재향군인 자살예방법	• 아이오와주 하원의원인 레오너드 보즈웰이 이라크 전쟁에 참여한 뒤 외상후스트레스증후군(PTSD)을 앓다가 끝내 자살한 조슈아 옴비그 같은 재향군인 자살을 예방할 목적으로 발의함 • 보훈처 전 직원에 대한 자살 예방 교육, 모든 보훈처 시설에 자살 예방 상담원 배치, 24시간 이용 가능한 정신건강서비스 수립, 재향군인을 위한 위기 상담전화 (핫라인) 설치 등이 있음	2007년 11월 5일 제정
21세기 치유법	• 의료 연구, 치료법의 개발과 승인을 용이하게 하고, 정신건강 치료에 대한 연방정책을 개혁하는 종합적 법안 • 법안에서 자살 예방과 관련된 내용은 정신건강 및 약물 사용 장애서비스에 대한 접근 향상에 관한 것으로 전국자살예방 라이프라인 프로그램의 운영 지원, 지역사회 위기 대응 시스템 강화, 개럿 리 스미스 추모법안 연장, 성인 자살예방 지원 등이 있음	2016년 12월 13일 제정

아닌 공중보건의 문제로 인식하여 1999년 7월 〈공중보건 의무감의 자살 예방 행동 촉구 보고서(The Surgeon General's Call to Action To Prevent Suicide 1999)〉를 발간하면서부터 국가적 대책을 세우기 시작하였다. 또한 전략의 효과적 실천을 위해 다양한 민간 섹터의 전문가들과 함께 2010년 전국자살예방실천연맹(National Action Alliance for Suicide Prevention)을 발족하였다.

02

일본 어린이와 청소년의
안전정책

1. 교통안전

　일본은 학생 통학시간에 발생하는 교통사고에 대해 각각의 기관, 학교별로 교통안전교육을 실시하여 학생들에게 경각심을 부여하고 있으나, 2013~2017년까지 5년간 초등생 보행 중 사상자의 35.3%가 등·하교 과정에서 발생하고 있다. 이에 교통사고 문제를 해결하기 위해 2021년 3월 29일 중앙교통안전대책회의는 향후 5년간의 교통안전에 관한 종합적인 시책을 정리한 '제1차 교통안전기본계획'을 발표하였다. 교통안전기본계획은 「교통안전대책 기본법」에 따라 육상, 해상 및 항공교통의 안전에 관한 종합적이고 장기적인 시책이다. 현재는 중앙교통안전대책회의에서 제7차 교통안전 기본계획을 작성하여 성장단계별 적절한 안전교육과 관련 기관의 제휴를 통한 현장교육의 보급, 안전의식 고양에 역점을 두고 추진하고 있다.

유치원, 초등학교에서 보행자, 동승자 또는 승객, 자전거 이용자로서의 안전교육 시행과 함께 어린이 관련 교육기관에 교통안전지침서를 배포하고 있다. 이러한 대책과 지침을 바탕으로 교통안전 어머니회, 교통안전 자원봉사단 등에서 교통안전을 위한 활동을 실시하고 있다. 특히, 교통안전 어머니회는 1970년에 어린이 교통사고가 고조됨에 따라 어머니들이 적극 앞장서서 모든 지방자치단체에 600만 명 이상의 회원을 보유한 '교통안전 어머니회'를 결성하였다.

이들은 교통안전을 위한 다양한 활동을 실시하였으며 각 기초자치단체별로 300여 곳 이상의 어린이 교통공원을 조성하여 시뮬레이션을 활용한 체험교육과 자전거 안전운전체험교육 등을 진행하였다. 이를 통해 어린이들이 스스로 사고원인과 예방법을 터득하도록 하고 있다.

2. 제품안전

일본은 정부기관 및 산업계 간의 협조체계를 구성하여 어린이제품에 관한 안전관리를 실시하고 있다.

경제산업성은 어린이제품에 이상이 있는 경우, 리콜을 시행 중에 있으며 후생노동성은 어린이 완구 중 6세 미만의 어린이가 물거나 삼키는 등 입에 접촉하기 위한 놀이제품의 물리적 · 화학적 요소에 대한 기준을 마련하고 있다.

일본완구협회는 일본 완구 안전표준을 마련하여 어린이가 사용할 수 있는 완구를 대상으로 ST 마크제도를 운영하고 있는데, 이 ST 마

ST번호

18 ST 15
玩具安全基準合格
4912345 67890 4
(一社) 日本玩具協会
東京都墨田区東駒形4-22-4

20

60mm

38

12

4 912345 678904

신청 시 서기년도 아래 2자리

(인치단위 : m/m)

‖ ST마크 및 표시방법 5 ‖

크 제도는 자율규제로 법적으로는 강제사항이 아니지만, ST 마크를 취득하지 않은 완구의 경우 일본 내에서 유통이 어려워지기 때문에 사실상 강제되는 인증제도이다.

일본완구협회의 ST마크는 「식품위생법」 등의 관련 법을 참고하여 자체적인 안전기준 ST2002를 달성한 완구를 대상으로 부여되는데, ST마크 검사를 위해서는 기계적 · 물리적 특성, 가연성, 화학물질 분야 총 3개 항목에 대하여 자체적 안전기준인 ST2002에 근거하여 검사를 진행하게 된다.

일본완구협회는 ST 마크가 부착된 제품에서 발생한 안전사고를 대상으로 소비자에게 최고 1억 엔(약 10억 원)까지를 보상해주는 제도가 존재한다.

일본제품안전협회는 유아용품을 자체적인 안전기준에 따라 인증할 수 있는 SG마크제도를 운영하고 있는데, 이 또한 법적 의무사항은 아니지만 ST마크와 같이 제품 유통 통과과정을 위해서 반드시 달아야 하는 제도로 사실상 강제인증제도로 통용되고 있다. SG마크는 일본제품 안전협회에 의한 제품안전보증을 제도화한 것으로 주요 대상 품목은 유아용품과 더불어 복지용품, 주방용품, 원예용품 등 100개

항목	내용
기계적 · 물리적 특성 검사	완구 형상, 강도 관련 검사로 완구 끝이 날카로운지에 대한 여부, 유아용 완구 중 삼키는 우려가 있는지 등에 대한 여부 판단
가연성 검사	불에 타기 쉬운 재질인지, 셀룰로이드 등의 아이 입에 닿아서는 안 되는 재료로 만들어졌는지에 대한 여부 판단
화학물질 검사	완구 재료에 해로운 물질이 사용되었는지에 대한 검사 과정으로, 일본 식품위생법과 더불어 유럽 완구안전기준 EN71 등 또한 검사 항목으로 채택하여 판단

이상의 제품이 대상이다. 특히, 유아용품의 경우 21가지로 선정하여 각각 개별적인 SG 기준 및 검사 매뉴얼을 통해 정밀한 검사가 진행되며 SG마크 부착 제품을 대상으로 사고 발생 시를 대비한 피해자구제제도를 운영 중에 있으며, 사고 피해자에 대한 보상을 실시하고 있다.

일본의 경우 민간기구인 일본완구협회와 일본제품안전협회의 사전인증 완구로 인해 안전사고가 발생할 경우 소비자를 대상으로 보상을 실시함에 따라 안전인증제도 마크(SG, ST마크)에 대한 신뢰성을 높이고 있다.

3. 식품안전

일본의 식품안전은 「학교급식법」 제정을 통해 학교급식의 보급 충실 및 학교에서의 식육(食育) 추진을 도모하고 있으며, 매년 1월 24~30일을 '전국학교급식주간'으로 운영하고, '영양교사제도'도 시행

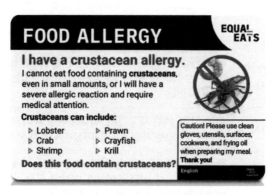

|| 일본 알레르기 카드 예시 6 ||

하고 있다.

　문부과학성의 '학교급식위생관리 기준'에 따르면, 급식은 조리를 시작해서 학생들이 먹는 과정까지 2시간을 넘기지 않아야 하며, 모든 공정과정은 하나하나 지침에 따라 이루어지고 기록되고 있다.

　일본은 어린이가 식품 알레르기가 있는 원인식품을 잘못 섭취하는 사고에 대비하기 위해 부모 등으로 구성된 그룹과 전문의를 통해 알레르기 카드를 배포하고 있다. 어린이는 알레르기에 대한 인식이 부족하기 때문에 알레르기 카드를 어린이의 옷, 가방 등에 부착해 사고를 사전에 예방하며, 어린이 스스로에게도 자신의 알레르기성 반응에 대한 위험성 교육효과가 있다.

4. 학교안전

　일본의 학교안전교육에 관한 주요한 사항은 제·개정을 통해 2009년부터 시행되고 있는 「학교보건안전법」에서 규정하고 있는데,

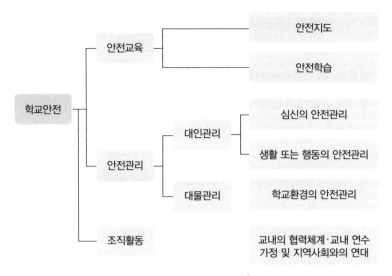

‖ 일본의 학교안전체계 9 ‖

학교안전계획의 책정·실시 및 위기발생 시 대처 요령(위기관리 매뉴얼)의 작성, 관계기관 등과의 제휴, 학교안전에 대해 각 학교에서 공통적으로 대처해야 할 사항 등을 주요 내용으로 하고 있다.[7]

단위학교는 이 법률의 내용을 바탕으로 생활안전, 교통안전, 재해안전(방재) 등 각각의 영역에 대해 안전관리를 위한 대책을 지속적으로 추진해 오고 있으며, 학교는 보호자 및 경찰서 등 관계기관 및 관계단체와 연계하여 학교환경의 안전을 확보하기 위해 필요한 조치를 강구하고 있다.[8]

이런 내용을 바탕으로 일본의 학교는 다음과 같은 안전관리체계를 갖추고 있는데, '안전교육', '안전관리', '조직활동'이 모두 학교안전에 포함된다.

5. 자살 예방

　일본은 2006년 「자살예방기본법」을 제정하고 이를 바탕으로 제1차 자살예방종합대책을 수립하였다. 또한 2012년에는 제2차 자살 예방 종합대책을 수립해 매년 3,000억 원 이상의 예산을 투입하여 자살예방 사업을 추진한 결과, 2012년부터 자살자 수가 3만 명 이하로 감소 하기 시작해 현재까지 매년 감소추세를 보이고 있다.

　그럼에도 불구하고 일본 정부는 일본의 자살자 수가 아직은 위험 한 수준이라고 판단하여 변화된 실정에 맞추어 2016년 「자살예방기 본법」을 개정하였으며, 2017년에는 제3차 자살예방종합대책을 수립 하였다.

유럽 주요 국가 어린이와
청소년의 안전정책

1. 스웨덴

1) 교통안전

스웨덴은 교통안전을 사회복지 차원에서 접근하여 요람에서 무덤까지 평생 안전교육체계를 확립하고자 한다. 이에 따라 유치원이나 학교에서의 교통안전교육은 법적 의무이며, 3세 때 가정으로 교통안전 그림자료, 게임, 놀이, 기구 등 각종 책자 등을 지방자치단체에서 무료 제공하고, 이와 더불어 지역별로 결성된 Safe Kids Club에 부모님과 어린이가 가입하여 맞춤형 안전교육을 이수하며 어린이안전교육 이전에 보호자 교육을 반드시 먼저 실시하고 있다.

어린이 학교 통학안전을 위하여 「학교수송법」, 「도로교통법」, 「도로안전국 등의 규정」을 통해 취학 전 아동, 초등학생을 대상으로 안전벨트 착용, 5세 미만의 어린이에게는 특수 보호장비를 갖추도록 규정하고 있다.

또한 1997년에 교통사고 Vision 원리에 기반을 둔 도로교통 안전 법안이 국회를 통과함에 따라 교통사고의 책임을 개인에게 부과해온 전통적 시각에서 전반적인 교통 시스템 제공자(지방자치단체, 경찰, 차량 제조사 등)가 공동 책임을 진다는 개념으로 교통사고에 대한 패러다임을 전환하고 도로상에서 더 이상 심각한 부상자나 사망자가 없도록 장기적 목표를 수립하였다.

2) 제품안전

스웨덴의 소비자안전 관련 법률은 상품안전법과 시장법이 있는데, 상품안전법(The Product Safety Act)은 위해제품의 판매금지, 주의경고사항, 리콜, 위해제품의 수출금지 등의 내용을 포함하고 있다. 이러한 소비자안전 관련 법률은 소비자정책원과 소비자옴브즈만에 의해 준수상황이 감독되며 제품안전에 관한 문제점을 판단하는 특수법정인 시장재판소를 두고 있다.

어린이안전과 관련하여 소비자정책국(KOV : The National Board for Consumer Policies)에서는 장난감 구조에 관한 최소한의 안전규정을 제시하고 「상품안전법」의 규정 준수 여부를 감독하고 있으며, 표준연구소(SIS)는 유럽표준과 같은 장난감의 안전규정과 운동장 시설에 관한 표준을 결정하고, 각종 간행물을 발간하고 있다.

승용스포츠 제품안전을 살펴보면, 자전거 사고로 인한 뇌손상을 예방하기 위해 헬멧 착용을 권고하고 있으며, 자동차 안의 어린이를 보호하기 위하여 Road Safety Office Regulations에 6세 미만의 어린이는 영아용 캐리어, 아동용 시트, 벨트좌석이나 벨트쿠션 등을 사용하도록 규정하고 있다. 자전거를 탈 때에는 뒤꿈치와 발이 안으로 들어가지 않도록 바퀴살 보호 장치가 있어야 하고, 안전하게 앉도록 적당한 좌석이 있어야 한다. 유모차는 실수로 접히지 않도록 안전정지장치나 잠금장치가 있어야 하며, 어린이가 찔릴 위험이 있거나 뾰족한 부분 없어야 하고, 브레이크와 바퀴는 풀려서 사고가 나지 않도록 꽉 조여 있어야 하도록 정하고 있다.

어린이의 질식사고 예방을 위해서는 소비자정책원에서 침대나 아동용품이 기능적이면서 표준과 안전지침상의 필요조건을 충족시키도록 규정되어 있다. 유아차나 영아용 침대에 끼여 질식사고가 나서는 안 되며, 30cm 이상의 끈이 달려서는 안 되고 유모차 위의 신축성 있는 끈은 75cm 이상이면 안 되며, 머리가 고리에 끼지 않도록 하기 위해 고리의 지름이 35cm 이상이어야 하는 등 침대 질식사고와 관련된 내용을 규정하고 있다. 뿐만 아니라 호루라기나 악기 등은 느슨해져서 목에 걸리는 부품이 있으면 안 되고, 음식 모형의 장난감 역시 목에 걸리도록 해서는 안 되는 등 아동용품으로 인한 질식사를 예방하기 위한 규정을 두고 있다.

독극물로 인한 사고를 예방하기 위하여 아이들이 손에 닿지 않는 특정한 캐비닛이나 선반에 의약품을 보관할 것을 규정하고 있으며, 새로 지은 건물에는 건강에 해로운 세제와 같은 화학물질은 별도 높은 장소 같은 곳에 보관하여야 한다. 덜 위험한 물질은 싱크대 아래 보관하되, 안전잠금장치가 있을 때만 보관 가능하다. 또한 소비자에게 판매되는 가정용 화학약품은 뚜껑을 누르면서 동시에 돌려야 하고 또는 가루로 된 주방용 세제의 경우는 4세 이하 어린이가 열지 못하도록 잠금장치가 있어야 한다. 또한 '부식성이 있으므로 아동에게 주의', '삼키면 위험하므로 아동의 손에 닿지 않는 곳에 보관'이라는 주의 경고를 표시하도록 한 안전지침을 보유하고 있다.

　마지막으로 놀이기구/용품의 안전을 위한 규제들도 존재하는데, 먼저 장난감의 안전을 위하여 장난감구조에 관한 최소한의 필요조건을 안전지침(유럽지침)으로 제시하고 있으며, 위험한 장난감에 대하여는 판매가 불가능하다거나 경고문 부착과 결함제품의 리콜, 판매 금지 조항이 있다. 특히, 3세 미만의 영아 안전을 위해 부품이 작아 질식 우려가 있어서는 안 되며, 딸랑이 손잡이는 아동이 그것을 목안에 깊이 집어넣을 수 없도록 아주 짧거나 길어야 한다. 부드러운 장난감에 부착된 부분은 탈락이 되지 않도록 하여야 하며, 알레르기를 일으키는 물질의 위험에 대하여 경고표시를 하여야 한다. 상업용 장난감 고무총과 고무줄새총은 판매 금지되고 있으며, 전기로 작동하는 장난감은 콘센트와 직접 연결하는 것이 아니라 최대 24볼트의 전류를 제공하는 변압기를 거치거나 건전지를 사용하여야 하는 등 어린이들이 주로 사용하는 놀이기구/용품에 대한 규제는 엄격하게 적용되고 있다.

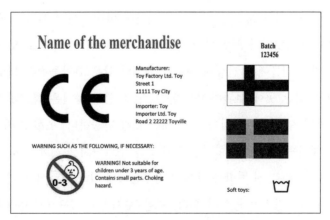

‖ 스웨덴의 장난감 라벨링 10 ‖

2. 프랑스

1) 교통안전

프랑스는 어린이 교통안전교육 인증제도를 실시하고 있다. 초등학교에 입학하면서 행동반경이 넓어져 교통사고 위험이 고조됨에 따라 미취학 아동이 초등학교 입학 전 부모님과 함께 교통안전에 관한 교육을 받고 시험에 합격하면 안전교육 인증서를 발급한다. 해당 인증서는 초등학교 입학 시 제출하도록 되어 있다. 뿐만 아니라 8~9세 어린이를 대상으로 각종 보행안전교육 후 시험에 통과하면 보행자 면허증을 발급해주고, 법률 57-831호에 따라 유치원에서부터 중학교까지 교통안전교육을 의무화하고 있다. 이에 따라 초등학교 5학년, 중

▼ 프랑스의 주요 교통안전정책

구분	내용
청소년 교통사고 심각성 홍보	청소년 교통사고가 계속 증가하면서 프랑스 정부에서 청소년 교통사고 현황, 사고유형, 사고원인과 사고특성, 사고예방법, 심각성 등을 전국 중·고등학교에 홍보함
청소년 교통사고 예방 아이디어 공모전 개최	청소년을 대상으로 교통사고 예방 아이디어 공모전을 개최하여 우수 아이디어를 제출한 청소년 또는 청소년 단체에 포상함
예산 확보 후 청소년 단체와 공동사업 수행	정부에서 별도 청소년 교통사고 예방 예산을 확보한 후 우수 아이디어를 제공한 청소년 단체 등에 예산 지원을 하여 정부와 함께 청소년 교통사고 예방 사업을 실시함
라벨비 포럼, 정례 운영	동 사업 성과를 공유하고 타 분야 교통사고를 줄이기 위하여 '라벨비포럼'을 결성하여 동일한 기법대로 운영하여 타 연령층의 교통사고를 지속적으로 줄여 나감
보행자 우선 교통정책	「도로교통법」 제219조에 "50m 이내 횡단보도가 없는 경우 보행자는 시계 차량속도를 고려해 긴박한 위험이 없음을 확인한 후 차도를 횡단할 수 있다"라고 규정됨

학교 2·4학년 때 시험을 실시하는데, 이 시험에 합격해야만 모페트 (원동기장치 자전거)나 소형오토바이, 자동차 운전면허 취득을 위한 시험자격이 부여된다.

이 외에도 프랑스의 주요 교통안전정책은 제시한 표와 같다.

2) 제품안전

프랑스는 어린이제품 안전과 관련해 여러 제도들이 존재하는데, 대표적으로 CE마크 제도, 헬멧착용 의무화, 핸드폰 중독, 스마트장난감 사고예방 규제가 있다.

먼저, 프랑스 내에서 어린이제품을 유통 또는 판매하고자 하는 제조업자는 해당 제품이 EU지침에 적합하다는 것을 증명하기 위해 공인기관의 검사를 거쳐 CE마크(Conformité Européenne)를 제품에 부착하여야 한다. 이 제도는 EU 장난감 안전지침(Toy Safety Directive) 2009/48/EC에 따라 시행되고 있으며, 인증을 받지 않으면 벌금 및 제품회수조치가 시행된다. 또한 검사 이후 품질 하락으로 인한 안전사고 방지를 위해 CE마크 인증서를 발행한 이후에도 사후관리 및 심사, 갱신 심사 등의 절차가 존재한다.

프랑스는 2018년 3월 22일부터 12세 이하 어린이가 자전거를 탈 때 헬멧 착용을 의무화하고, 어린이가 헬멧을 착용하지 않은 채 자전거를 타면 부모는 이 법에 따라 135유로(약 19만 원)의 벌금을 내야 한다. 또한 이 법은 프랑스 시민은 물론 관광객에게도 적용된다. 어린이들의 핸드폰 중독을 예방하기 위하여 12세 이하의 청소년을 대상으로 한 핸드폰 광고 자제 규정을 14세 이하 광고 금지로 강화하고, 6세 미만의 아동용 핸드폰은 유통금지, 초등학교 교실에서의 핸드폰 사용 금지 등을 규제함으로써 아동 및 청소년의 건강을 보호하고자 하였다.

프랑스 국립 정보통신 및 개인정보보호기관(Cnil)은 무선보안이 안된 스마트 장난감의 보안위험성을 주장하였는데, 스마트 장난감은 마이크와 스피커가 장착되어 있고, 블루투스 기능이 탑재되어 있어 보안이 뚫릴 시 제3자가 어린이와 대화할 수 있는 위험성이 존재하며, 부모의 동의 없이 어린이의 음성을 녹음하고 수집할 수 있기 때문이다. 이에 프랑스 국립 정보통신 및 개인정보보호기관)은 스마트 장난감에 대한 자체 심사 후 제조업체에 벌금 및 판매제재를 경고하였다.

3) 학교안전

프랑스는 「교육법(Code de l'education)」에 따라 1990년부터 초등학교에서 중·고교에 이르기까지 시기에 안전교육을 의무화하였는데, 이에 따라 각급 학교 교사들은 안전교육과 관련된 교과과정의 운영에 있어 절대적인 권한을 가지고 있다. 해당 법률은 위험 예방에 대한 강조, 위급한 상황에서의 구조에 대한 정보, 응급처치 교육, 일반적인 안전수칙에 관련된 내용으로 학교안전교육을 구성하고 교육하도록 하고 있다. 또한 도로교통 안전교육과 보건교육, 약물과 알코올 오남용 및 성교육 등을 필수적으로 실시하도록 하고 있으며, 단순 공부가 아닌 체험 및 실습교육에 중점을 두고 있다. 프랑스의 의무교육 단계의 학교에 재학 중인 모든 학생들은 위험 예방 및 구조 등에 관한 임무의 중요성과 응급처치에 관한 교육을 의무적으로 이수하도록 규정하고 있으며, 특히 중학생은 의무적으로 재학기간 중 교통안전교육 합격증을 발급받도록 하고 있다. [11]

3. 영국

1) 교통안전

영국은 보다 안전한 도로를 만들고 보행이나 자전거가 대중적인 선택이 될 수 있도록 인프라나 기술을 제공하는 통학로 관리프로그램인 SRS(Safer Routes to School) 프로그램을 운영 중이다. 통행에 위험한 요인을 파악한 후, 낮은 제한속도를 비롯하여 보행자의 안전한 횡단을 위한 다양한 도로 마킹, 중앙대피대 등의 물리적 조치를 통해 안전한 통학로를 조성하는 것이 목적이라고 할 수 있다.

도로의 안전시설만으로 안전한 통학로를 만들 수 없다고 생각하여 학교와 지역사회의 참여를 통해 보행 및 자전거 통학으로 전환을 진행하고 있으며 학교 및 지역사회 참여의 사례로 학생과 부모들이 상의하여 활동 계획을 만들고 추진하기 위한 학교 통행 계획 및 그룹 활동, 아이들이 혼잡한 도로와 어려운 교차로를 건너는 것을 돕기 위한

‖ 영국의 통학지도 프로그램 SRS 12 ‖

구분	내용
Key Stage 1 (4~7세)	Tufty Club, Green Cross Code, Pilot pedestrian Scheme과 같은 보행프로그램을 통해 부모와 함께 놀이, 게임, 실제 체험을 통한 안전교육 진행
Key Stage 2 (8~11세)	위험하고 복잡한 교통상황에서 안전하게 행동하는 법을 스스로 결정하고 판단할 수 있는 능력 향상
Key Stage 3 (11~14세)	안전한 보행법과 안전하게 자전거 타는 방법에 대해 집중적으로 교육
Key Stage 4 (14~17세)	이륜차 및 예비 운전자로서 갖추어야 할 교통예절과 자동차 특성 등 집중적 교육

교차로 감시원, 보행자와 자전거 이용자 차량과 떨어져 안전하게 도착할 수 있도록 학교 입구와 시간의 변경 등이 있다.

연령별 맞춤교육을 실시하고 있는데, 초등학교 교통안전교육은 체험교육 위주의 보행훈련인 반면, 중등학교의 교통안전교육은 자전거 교육과 예비 운전자로서의 교육에 집중하고 있다.

영국은 SRS(Safer Routes to School) 프로그램 외에도 차량으로부터 주택가의 생활도로를 안전하게 보호하고 차량 이용을 최소화하여 도로와 공공공간의 질을 높이기 위해 네덜란드에서 실시한 사업 '본엘프'에 기반을 둔 보행환경개선사업인 '홈존(Home Zone)'을 운영 중이다. 홈존은 피크 타임(Peak Time) 교통량이 시간당 100대 미만이고 총 연장이 600m 미만인 도로 중 지정된 구역 내에서 보행자는 모든 도로를 이용할 수 있으며 도로에서 차량과 보행자의 이동뿐만 아니라 다양한 사회적 활동이 이루어질 수 있다. 또한 과속방지턱, 고원식교차로, 지그재그 형태의 도로 등을 설치하여 차량의 운행을 제한하고 주차구역 조정, 놀이기구 및 벤치 설치를 통해 사회적 활동의 범위를 늘리고 있다.

2) 자살 예방

영국 보건성은 1999년 'Saving Lives:Our Healthier Nation'이라는 백서를 발간하여 이를 근간으로, 정신보건 분야의 전문가들, 연구자들, 정신보건서비스와 프로그램의 이용자들, 비정부기관 관련자들의 의견수렴과 자문을 받아 국가 자살예방 전략을 발표하였는데, 구체적 내용은 다음과 같다.

- 자살률을 줄이기 위해 고위험군의 자살 감소, 언론 보도의 개선, 자살 예방에 대한 연구 장려 등 6가지 분야의 목표들을 세우고, 각 목표에는 다시 세부 목적들과 이들 목적에 해당되는 구체적인 통계를 함께 제시함
- 자살 예방 전략을 실행하고 감시하기 위해 National Institutes for Mental Health를 설립함
- 자살 예방에는 정신보건 분야뿐만 아니라 다양한 사회 분야가 포괄적으로 참여해야 함을 원칙으로 하고 있으며 과학적 근거를 바탕으로 자살 예방 전략을 수립함
- 자살 예방 전략에 대한 평가가 지속적으로 이루어지며 이를 위해 새로운 연구를 장려함

자살 예방 문제를 전담하는 '자살 예방 차관'을 두어 자살률을 낮추는 것을 넘어 자살 관련 정책을 수립하고 있다. 구체적으로 전체 정신질환의 절반이 14세 무렵 시작한다는 점에 주목하여 아이들을 위한 정책을 제시하고, 전국 학교에 자살 예방 전문 인력을 배치할 수 있도록 교육프로그램 운영, 매년 세계 정신건강의 날에 맞춰 젊은이들의 정신건강 실태조사 보고서 발간 등의 활동을 하고 있다.

Memo

자료 출처

Chapter 1
어린이와 청소년의 생명 보호

1. 국가생명윤리심의위원회 홈페이지
   (http://18bioethics.pa.go.kr/user/news/pds/board/view/642)

2. 위키백과
   (https://ko.wikipedia.org/wiki/%EC%9D%B8%EB%AC%B8%EC%A3%BC%EC%9D%98)

3. 중랑구 '제6회 생명 존중 포스터 공모전' 개최, 산경일보, 2020. 6. 25.
   (http://www.sankyungilbo.com/news/articleView.html?idxno=185228)

4. 보건복지부어린이 홈페이지
   (https://www.mohw.go.kr/kids/content/sub020201.jsp)

5. 이혜원, 아동권리와 아동복지, 아산재단 연구총서 제209집, 2006.

6. 초록우산어린이재단(부산종합사회복지관) 홈페이지
   (https://www.childfund-busan.or.kr/business/sub1.php)

7. 초록우산어린이재단(부산종합사회복지관) 홈페이지
   (https://www.childfund-busan.or.kr/business/sub1.php)

8. 경기도 부천시 홈페이지
   (https://www.bucheon.go.kr/site/homepage/menu/viewMenu?menuid=148006003014002)

9. 화성 씨랜드 참사 10년… 그 후, 소방방재신문, 2009. 7. 16.
   (https://m.fpn119.co.kr/8667)

10. 세월호 사고, 미국 NBC 뉴스 "승객들이 갇혀 있는 세월호를 버리라" 현재까지 풀리지 않는 의혹, 뉴스프리존, 2014. 4. 29.

11. 주최자 없던 이태원 참사, 그럼 책임은 누가?… 판례 보니, 중앙일보, 2022. 11. 1.

Chapter 2
어린이와 청소년의 이해

1. 「아동복지법」 제3조, 「청소년 보호법」 제2조, 「청소년 기본법」 제3조, 「민법」 제4조, 「형법」 제9조 등

2. 어린이안전 종합계획 수립 연구 용역, 행정안전부, 2021.

3. 〈글로벌세계대백과사전〉, 아동기의 교육

4. 〈글로벌세계대백과사전〉, 신체의 발달

5. 〈글로벌세계대백과사전〉, 아동기의 운동발달

6. [발달심리] 자녀 발달 이야기 1, 창의날다

7. 여주시사 – 현대의 사회문화 : 청소년이란?

8. 여주시사 – 현대의 사회문화 : 청소년이란?

9. 여주시사 – 현대의 사회문화 : 청소년이란?

10. 〈글로벌세계대백과사전〉, 사고발달의 영향

11. 〈글로벌세계대백과사전〉, 아동기 – 정서의 특징

12. 〈글로벌세계대백과사전〉, 아동기의 사회성 발달

13. 2020년 출생통계, 통계청, 2021.

14. 내외국인 인구전망 : 2017~2040년, 통계청, 2020. 10. 15.

15. 내외국인 인구전망 : 2017~2040년, 통계청, 2020. 10. 15.

16. 내외국인 인구전망 : 2017~2040년, 통계청, 2020. 10. 15.

17. 내외국인 인구전망 : 2017~2040년, 통계청, 2020. 10. 15.

18. 어린이안전 종합계획 수립 연구 용역, 행정안전부, 2021.

19. 2020년 어린이안전사고 동향 분석, 한국소비자원, 2021. 4.

20. 안전취약계층 재난대응 및 안전강화 지원기술 개발, 국립재난안전연구원, 2020.

21. 2021 청소년통계, 통계청, 2021. 5. 24.

22. 중학생의 학교 적응에 영향을 미치는 가족건강성, 자기 성찰 지능, 그릿의 관계, 2021.

23. 어린이안전 종합계획 수립 연구 용역, 행정안전부, 2021.

Chapter 3
어린이와 청소년의 안전사고

1. 어린이안전 종합계획 수립 연구 용역, 행정안전부, 2021.

2. 어린이안전 종합계획 수립 연구 용역, 행정안전부, 2021.

3. 어린이안전 종합계획 수립 연구 용역, 행정안전부, 2021.

4. 2020년 어린이안전사고 동향 분석, 한국소비자원, 2021. 4.

5. 2021 청소년 통계, 통계청

6. 어린이는 오미크론 변이에 취약할까… 어린이 입원 비율 높아져, 동아사이언스, 2022. 2. 6.

Chapter 5
우리나라 어린이와 청소년의 안전정책

1. 관계부처 합동 「어린이안전종합대책」 추진, 국민안전처 정책설명자료, 2016. 4. 27.

2. 관계부처 합동 「어린이안전종합대책」 추진, 국민안전처 정책설명자료, 2016. 4. 27.

3. 제3차 청소년보호종합대책(2019~2021), 여성가족부, 2019. 6.

4. 제3차 청소년보호종합대책(2019~2021), 여성가족부, 2019. 6.

5. 어린이안전종합계획 수립 연구 용역, 행정안전부, 2021.

6. 정부, 어린이안전을 위한 교통 · 식품 등 6대 역점 분야 발표, 행정안전부 보도자료, 2022. 8. 12.

7. 제2차(2019~2021년도) 학교안전사고 예방 기본계획(요약), 교육부, 2018. 12.

8. 제2차(2019~2021년도) 학교안전사고 예방 기본계획(요약), 교육부, 2018. 12.

9. 제2차 어린이제품 안전관리 기본계획, 산업통상자원부, 2019. 11.

10. 제2차 어린이제품 안전관리 기본계획, 산업통상자원부, 2019. 11.

11. 제3차 어린이제품 안전관리 기본계획(2022~2024년), 산업통상자원부, 2022. 1.

12. 제3차 어린이제품 안전관리 기본계획(2022~2024년), 산업통상자원부, 2022. 1.

13. 제4차 어린이 식생활안전관리 종합계획, 식품의약품안전처, 2018. 9. 30.

14. 제4차 어린이 식생활안전관리 종합계획, 식품의약품안전처, 2018. 9. 30.

15. 제5차 어린이 식생활안전관리 종합계획, 식품의약품안전처, 2021. 11. 4.

16. 제5차 어린이 식생활안전관리 종합계획, 식품의약품안전처, 2021. 11. 4.

17. 생애주기별 국민안전교육 5년 단계별 이행안 나왔다 – 관계부처 합동, 제1차 국민안전교육 기본계획 발표 –, 행정안전부 보도자료, 2017. 12. 18.

18. 생애주기별 국민안전교육 5년 단계별 이행안 나왔다 – 관계부처 합동, 제1차 국민안전교육 기본계획 발표 –, 행정안전부 보도자료, 2017. 12. 18.

Chapter 6
우리나라 어린이와 청소년의 안전관리

1. 관계부처 협업으로 국민이 체감하는 안전교육 본격 추진–관계부처 합동, 제2차 국민 안전교육 기본계획(2023~2027년) 수립–, 행정안전부 보도자료, 2022. 10. 1. 각색

2. 「어린이안전관리에 관한 법률」 제3조(정의)

3. 「어린이놀이시설 안전관리법 시행령」 별표 2의 장소에 설치된 시설

4. 「어린이제품 안전 특별법」 제2조제9호에 따른 안전인증 대상 어린이제품

5. 「어린이놀이시설 안전관리법」 제2조

6. 행정안전부 어린이놀이시설 안전관리시스템 (https://www.cpf.go.kr/front/index.do)

7. 행정안전부 어린이놀이시설 안전관리시스템 (https://www.cpf.go.kr/front/sub04/sub0403.do)

8. 「환경보건법」 제2조(정의) 제8호

9. 어린이활동 환경안심공간 (https://www.eco-playground.kr/main/main.asp)

10. 경찰청 「어린이보호구역 정기보고」, 2022.

11. 청소년수련시설포털 소개자료(https://youthnet.or.kr/?page_id=11)

12. 광주광역시 안전문화 3 · 3 · 3 실천운동

13. 광주광역시 어린이 · 청소년 안전활동

14. 현대리바트, 네이버 해피빈과 '어린이 교통안전 캠페인' 진행, 서울뉴스통신, 2018. 9. 16.

15. 행복청, 어린이 교통안전 캠페인 전개, 중도일보, 2023. 04. 02.

16. 재난안전 행동요령 '안전달력' 제작·배부, 일간경기, 2018. 12. 10.
재난안전 행동요령 '생활안전캘린더' 배부 −고양시, 어린이 등 안전 취약
계층에 배부… 안전의식 고취−, 세계로컬타임즈, 2019. 1.

17. 도로교통공단 홈페이지(https://www.koroad.or.kr)

18. 도로교통공단 홈페이지(https://www.koroad.or.kr)

19. 인천광역시 연수구청 홈페이지
(https://www.yeonsu.go.kr/etc/bbs/SearchView.asp?bbs_code=board
_1&seq=96610)

Chapter 7
우리나라 어린이와 청소년의 안전교육 및 훈련

1. 사회과의 범교과적 교육 − 안전교육(http://notedictionary.tistory.com/26)

2. 「안전교육법」 제2조

3. 국민안전교육 포털
(https://kasem.safekorea.go.kr/ptlCont.do?url=lfCyclMap)

4. 국민안전교육 포털
(https://kasem.safekorea.go.kr/ptlCont.do?url=lfCyclMap)

5. 국민안전교육 포털
(https://kasem.safekorea.go.kr/ptlCont.do?url=lfCyclMap)

6. 교육부, 어린이 재난안전훈련 가이드북

7. 교육부 보도자료, 재난안전훈련? 우리도 할 수 있어요! − 어린이 맞춤형
재난안전훈련 실시 −, 2022. 3. 31.

8. 유·초·중·고 발달단계별 '학교안전교육 7대 영역 표준안' 발표, 교육부
보도자료, 2015. 2.

9. 2022 재난대응 안전한국훈련 실시, 교육부 보도자료, 2022. 11.

10. 중앙응급의료센터

11. 안전체험관 사업의 운영실태와 개선방향, 국회입법조사처, 2020.

12. 안전체험관 사업의 운영실태와 개선방향, 국회입법조사처, 2020.

13. 농산어촌 방방곡곡, 안전체험교육이 찾아간다!, 교육부 보도자료,
2022. 4. 27.

14. 농산어촌 방방곡곡, 안전체험교육이 찾아간다!, 교육부 보도자료. 2022. 4. 27.

15. 농산어촌 방방곡곡, 안전체험교육이 찾아간다!, 교육부 보도자료. 2022. 4. 27.

16. 안전체험관 사업의 운영실태와 개선방향, 국회입법조사처, 2020.

Chapter 8
해외 어린이와 청소년의 안전정책

1. Floyd County Schools

2. United Way

3. Every China

4. 이덕난, OECD 주요국의 유·초등학교 안전교육 실태 및 한국교육에 주는 시사점:일본, 싱가포르, 노르웨이, 독일, 프랑스, 미국을 대상으로, 2019:36

5. 일본완구협회(https://www.toys.or.jp/stken)

6. https://equaleats.com/collections/japanese-food-allergy-translation-cards/products/japanese -crustacean-allergy-card

7. 이덕난, OECD 주요국의 유·초등학교 안전교육 실태 및 한국교육에 주는 시사점, 한국교육개발원, 2015.

8. 이덕난, OECD 주요국의 유·초등학교 안전교육 실태 및 한국교육에 주는 시사점, 한국교육개발원, 2015.

9. 주재복 외, 어린이안전교육 체험시설 개선방안, 한국지방행정연구원, 정책연구 21호, 2013.

10. https://tukes.com

11. 이덕난, OECD 주요국의 유·초등학교 안전교육 실태 및 한국교육에 주는 시사점, 한국교육개발원, 2015.

12. The Downley School

어린이와 청소년
안전문화

발행일	|	2023년 5월 25일 초판 발행
저 자	|	송창영
발행인	|	정용수
발행처	|	 예문사
주 소	|	경기도 파주시 직지길460(출판도시) 도서출판 예문사
T E L	|	031) 955-0550
F A X	|	031) 955-0660
등록번호	|	11-76호

정가 : 16,000원
ISBN 978-89-274-5033-7 13370